高橋信次

心の指針

苦楽の原点は心にある

光

法は大自然の心であり
人はこの法を持って
思念と行いをなせよ

高橋信次

高橋信次 著作集「心と人間シリーズ」新装版発刊に寄せて

父高橋信次が旅立ってから、四〇年近くの時が流れ、世相も社会の状況も大きく様変わりしました。

当時、希望に満ちた右肩上がりの高度成長期を歩んでいたわが国は、今、積み残してきた負の遺産によって、経済力は翳《かげ》り、国力の低下という厳しい現実の中にあります。さらには世界史上かつてなかった超高齢化社会の到来をはじめ、様々な難問に直面しています。

しかし、物質的な豊かさを飽くなく追求していた時代の中で、高橋信次が「心の復興」「魂の発見」を訴えたその意義は、現在も少しも変わることなく生き続けていると思わずにはいられません。

なぜなら、グローバリズムの名の下に、あらゆるものごとが経済的な価値尺度によって一元的に計られている現実は、かつて以上に、人々の目を数字や目に見えるものだけに釘づけにして、根深く唯物主義、拝金主義の流れを強めていると思えるからです。

人はみな永遠の生命を抱く魂の存在——。この現象界に生まれ落ちた魂たちは、誰もが環境、教育、思想、習慣という人生の条件を引き受けて、それぞれの道を歩む。そしてその経験を通じて心の歪みを正し、人生の目的と使命に目覚めて、それを果たそうとする。現象界は、魂の修行所である——。

高橋信次が示した、この人間観・人生観は、私たち人間の本質が内なる魂にあり、その経験と成長こそ、人生の意義であることを教えています。

生まれる時代、国と地域、肌の色、民族、性別……。私たち人間に様々なあつれきをもたらしてきたそれらの違いの基に、魂という変わらぬ本質が息づいている。魂という次元こそ、それらの違いを、この世界を生きる人生の条件として、根本的に相対化し得るものではないでしょうか。

いかなる人生の条件を引き受けようと、魂の尊厳は変わることなく輝き、それぞれのかけがえのない人生の目的と使命を果たすことができる。そして、それだけの力を抱いているのが一人ひとりの人間なのです。

一九七六年、私との魂の邂逅《かいこう》を果たしてから、父はますます神理を求める想いを研ぎ澄ましていました。「督促状《とくそくじょう》が来ているんだ。もう還らなければならない」。そう言いながら、それまで以上に一途に歩み続けたのです。

医師からはとても無理だと止められながら、それを押して赴いた東北での最後のセミナー——。

「佳子、ぼくは行ってくるからね」

ほほえみながらそう言って出かけていった父の顔を忘れたことはありません。

神理のこと、魂のことを一人でも多くの人々に伝えることができて、それを生きてもらえるなら、命に代えても少しも惜しくはない——。そんな覚悟のすがたでした。

そしてその晩年の父がいつも語っていたのは、人間の心が本当に変わることの素晴らしさ——。数え切れないほどの奇跡の現象を現した父でしたが、父の心にあったのは、その一つのことでした。

「本当の奇跡っていうのは、人間の心が変わることなんだ。それを忘れちゃいけないよ……」

それは、私にとって、何よりも守らなければならない、父からのバトンであり続けています。


人間は永遠の生命を抱く魂の存在――。

では、私たちが、魂としての人生を生きるためにはどうすればいいのか――。そのための道を同志の皆さんと一緒に築いてきたことは、その約束に応える歩みであったと思っています。

今、GLAをはじめ、私の周囲には、神理を学ぶだけではなく、それを実践して新たな現実を生み出す人々があふれています。

故あって心に傷や歪みを抱えた人々が、生まれ変わったようにそこから自由になって新しい人生を生き始める。試練に呑み込まれ、身動きが取れなくなっていた人々が、「試練は呼びかけ」と受けとめて、新しい次元に踏み出してゆく――。

このような現実こそ、父が何よりも願っていた現実であり、思い描いていた未来であったと私は確信しています。

高橋信次が開いた「魂の道」は、今も現在進行形で続いているのです。

この新装版となった「心と人間シリーズ」を手に取られた読者の皆様が、その「魂の道」を継ぐお一人となることを、父はどれほど待ち望んでいるでしょう。それぞれの人生において、それぞれの生きる場所で、ぜひ、その一歩を踏み出してくださることを願ってやみません。

高橋佳子

二〇一三年　六月

はしがき

現代の仏教、キリスト教の神理《しんり》は、ながい歴史的な過程のなかに埋没してしまったといってもいいすぎではありません。それは時の権力や、宗教家たちの智と意によって解釈され、学問、哲学と化し、人びとの心から遊離してしまったからです。本来、仏教もキリスト教も、人びとの心から遊離するようなそんなむずかしいものではありません。なぜなら、教えそのものは、人間の心とは、人間とはこうしたものなのだということを、誰にもわかりやすく説いているものにほかならないからです。知情意の情とはどういうものかといいますと、情とは心です。心があってはじめて、知は智慧となり、意は大我となるのです。その情が不在となり、仏教もキリスト教も智と意で勝手に解釈され、自分の都合のいいように書き改められたものですから、いよいよもって、民衆の心から離れていったわけです。

もっとも、それにはそれだけの理由があります。人間は、五官や、六根に左右されるように一面においてできているからです。うまいものを食べたい。いい家に住みたい。

偉くなりたい。金を儲けたい、といった自己保存の念が社会生活を営むことによってますます強くなっていったからです。闘争と破壊――その原因をたずねれば、みんなこうした欲望にふりまわされたところにあります。ところが、こうした欲望や本能というものは、人間の生活がこの世だけと自ら限定してしまうところに根本的な理由があったといえましょう。手にふれるもの、眼に見えるもの、耳で聴くものなど感覚の世界にしか人間は、これを認識することができないために、人は現世に執着を持つようになってしまったのです。

しかし、人間は死んでも来世に生きつづけていることを知れば、人びとの人間観はかわるはずです。すなわち、あの世は厳然としてあるのであり、あの世こそ本当の人間の住む世界であり、この世は人間修行の場であり、そうして人間はあの世とこの世の転生輪廻をくりかえすことによって、魂の浄化、仏性である己の本性に目覚めるものなのです。苦しみ悲しみの原因は、神性仏性の己自身の「心」から離れた想念行為の結果であり、その苦しみから解放されるには、己の心を直視し、心そのものの実体を認識する必要があります。

本書は、そうした意味で「心」とは何か、「正法」とはどういうものか、「人間」とはいかなる存在かを概念的ではありますが、そのポイントをしぼって書いたものです。本書を手にされた読者は、本書の真意をつかみ、調和のとれた生活と、平和な社会を築くための心の糧とされんことを願ってやみません。

昭和四十八年十一月吉日

高橋信次
東京都台東区雷門二―一八―三
ＧＬＡ
電話〇三―三八四三―七〇〇一

●目次

第一章　間違った信仰

心とは太陽のように、貧しい人にも富める人にも、わけへだてのない公平無私の意識である。エネルギーである。ウソのいえぬ心こそあなた自身である。

心と大自然

裏山の斜面の残雪も消え、黒土の表面に、フキノトウが顔を出していた。春の匂いがのどかにただよっています。

昨年の秋、友人からいただいた大きな庭石を入れたとき、掘りかえされたはずのフキの根がまだ残っていたようでした。傘をひろげたようなフキの葉が、今年も庭の片隅を飾ってくれるかと思うと、その生命力の強さに私はおどろきました。

数日前まで、霜柱の立っていた庭です。その冷えた土の中で今までじっと辛抱し、耐えて来たのです。不平もいわず、黙々と、時の来るのを待ちつづけてきたのです。

私は、まだぬくもりも浅い黒土のなかから、春の陽ざしを求めてゆらめいているフキノトウに心をひかれました。

あと一週間もすれば、小さなつぼみも緑の葉をひろげるでありましょう。

庭石に腰をおろし、大自然の摂理と人生について思索をめぐらしてゆくと、この両者の間には垣根はなく、自然は人間の生き方を身をもって教えていると思われてきます。

一九六八年三月、私は、人間とはいったい何者なのか、そして人間はいったい、何のために生まれ、なぜ仕事をし、苦しみを背負い、老いて死んでゆくのであろうか、という問題について、様々な角度から追究していたころのことを思い出していました。

ふと斜め右に目を向けると、黒土が妙に盛り上がりながら、芝生のある方向に進んで行きます。もぐらの移動でした。都会ではみられぬのどかな風景です。

空にはひばりが鳴き、雀がさえずっています。

澄んだ空気と、緑と、赤い太陽の下に自分を置くと、いかにも大自然に包まれ、生かされている己を発見して、喧噪の都会では味わえぬ感覚を覚えます。

自然のこうした美しい環境というものは、太陽の熱・光のエネルギーによって育まれる。太陽の偉大さに、いまさらながら脱帽せざるを得ません。

私たちの肉体舟は、その環境に適応して保存されるようにつくられています。

寒い冬は、その寒さに耐えられるように、皮膚はちぢみ、体内温度をコントロールし、反対に暑くなれば、皮膚は膨張し、毛穴から汗を出し、放熱作用をつづけています。

内臓諸器官は常に活動を続け、人体という安定された小宇宙を維持しています。

肉体の諸機能を静かにふりかえりながら、ながめてみると、そこには、〝神秘〟という以外、いいようのない偉大な働きを想像することができます。

すなわち、大自然の環境をつくり出している目に見えない力、全能のエネルギーこそ、神の心の現れでなくて何といえるでしょうか。

そうして、その心の現れこそ、慈悲であり、愛の姿といえるでしょう。

ところで、その心について私たちは、これをどこまで理解しているでしょう。おそらく、心とはこうだと、はっきり答えられる人は少ないのではないでしょうか。

あの人は精神状態が悪いとか、心の広い人だと簡単にいうけれども、では精神とは、心は、となると説明に窮します。

万物が生命と同居している事実は誰も否定出来ません。

物理学では、物質がエネルギーと同居している事実を証明し、エネルギーとは仕事を為し得る能力であるとしています。

そうしてその結果、物質はエネルギーであり、エネルギーは物質であるとさえいうことが出来るのです。

目に見られるちがいは、物質という集中された次元と、拡散されたエネルギーの次元の差だけであり、しかも両者は常に併存しているということがいえましょう。

また、質量は不変であり、エネルギーは不滅であるという事実も実証されています。たとえば、密閉したコップの中にマッチ棒を入れて燃焼させても、全体の重さは変わりませんし、マッチ棒はコップ内の酸素によって燃え、炭素や炭酸ガスに変化しても、全体の重さの変化はおきないということなのです。

私たちの肉体も大自然の中で存在している以上、大自然の法則を無視することは出来ないでしょう。

生老病死という掟を誰も破ることが出来ない事実を知れば、自明の理といえます。形あるものはいつの日か崩れ去る。しかし肉体も他の物質と同じように、次元の異なった何者かと同居していることになるでしょう。

これを、魂、あるいは意識と名づけてみてもいいでしょう。ちょうど、物質がエネルギーと共存しているようにです。

肉体舟は肉体細胞諸器官の生命活動により安定していますが、舟の責任者は五体を支配する船頭さんである魂・意識の活動によって、生活を営んでいるといえましょう。

肉体舟の欠陥は、五体の各諸器官と船頭さんである意識の相互関係がアンバランスになったときに起こるのです。

私たちの記憶も、既刊の著書の中でたびたびふれたように、頭脳がそれをするのではなく、魂・意識が記憶しているのです。

つまり、肉体舟と意識・魂という次元の異なった世界のものが不二一体となって、生命活動をしている、といえるでしょう。

永遠の生命とは、この世とあの世を超えて、いっさいの記憶を持ちながら生き続けている魂・意識の自分であるわけです。

肉体の生死にとらわれると、死はすべての終りを意味しますが、肉体を離れた自分を認識し、体験すると、そこには、死のないことに気づきます。ただ、生きている間にこのような体験を持つ者は、ホンの一部にかぎられているため、想像は出来ても、信ずるところまでは、なかなか、いかないようです。

しかし、信じる信じないにかかわらず、人間は、肉体が滅びても死ぬことはないし、死はあの世への誕生といってもいいのです。

私たちは旅行をするときに、いろいろな乗り物を使います。飛行機で飛んだり、自動車に乗ったり、電車を利用したりして目的地に着きます。乗り物はそれぞれちがっていますが、乗っている自分自身は少しも変らないのです。

魂の永遠の生命、つまり転生輪廻もこれと同じで、自分の過去世は中国で、インドで、あるいは日本人として、生れ変って生き続けていますが、自分自身は少しも変わっていないのです。

過去世の記憶をよみがえらす人は非常に少ない。ほとんどの人は現在の生活だけが絶対であると思っています。ましてや未来について語る人は絶無に近い。そのために、無意味な人生を送ってしまっているのです。

過去世の記憶の断絶は、一つには現世は修行の場であり、もう一つは次元の相違がそれをさせているといえます。過去の記憶がオギャァと生れてすぐにわかってしまうならば、この世に生まれた意義は少なくなります。

もう一つは、ある一定の年齢に達しても、なおかつそうした記憶が浮かんでこないというのは、自分の心の中に次元差をつくっているためなのです。次元差とは断絶という壁であり、スモッグです。

そのスモッグは、私たちの思うこと、行うことの、片寄った生活行為がつくり出したものです。

私はその事実を知ったのです。

私は幼い頃から生命の神秘に疑問を持ち、自然科学を通して、精神のあり方について、追究して来ました。追究するたびにさまざまな体験が積まれ、体験を通して、生命のナゾが明らかになって来たからでした。

これらについては拙著、『心の発見』神理篇、科学篇、現証篇、それに『心の原点』を参考にしていただけば、ご理解願えると思います。

ともかく私は、こうした体験の中から、人間は魂という意識を持って生きつづける永遠の生命である、ということを知り、限られた短かい肉体人生に与えられた己の役割に、全力を挙げてゆきたいと考えるようになったのです。

魂について、さらに明らかになった点は、魂を動かしているものは心であり、心は意識の中心に存在するということでした。

私たちが生活の場の中で、さまざまな行為を指示するものは、意識の中心である心であり、心以外のものは何もないということです。

もっとも私たちの肉体舟は、植物性神経の働きで心臓や内臓器官が動いており、肉体舟全体の行動は、魂の中心である心が支配しています。したがって、心臓や内臓は心とは関係がないとみる人もいるかも知れませんが、心の動きは内臓諸器官に大きな影響を与えています。

植物性神経、つまり自律神経は神から与えられたエネルギーを吸収しながら活動していますが、また、心の波動を強く受けて動いています。

この点については拙著『心の原点』を参考にされるといっそう理解が深まるでしょう。

病気の八〇％は心因性なのです。

怒ったり、悲しんだり、愚痴ったり、こうした自己保存が重なると、肉体にさまざまな障害が現れ、病気になってゆきます。

心が片寄ると、自分だけの問題なら病気となって現れますが、対外的に影響を与える場合は、事業不振、家庭不和、公害、災害などに発展してゆきます。

物質文明が発達するにしたがって、人間は普遍的な自分自身の心を失い、物質文明の虜《とりこ》になってしまいます。

物質文明は誰のためにあるのか、文明のためか、人間のためなのか……。

人間はいつのまにか主客を転倒し、文明に奉仕する人間になり下がっています。愚かというほかありません。

なぜこうなるか、理由はほかでもない「足ることを忘れた欲望」の追求にあるからです。欲望のためには手段を選ばず、すべてに自己中心的な考えが根底にあるので、世の混乱はいつになっても収まらぬというのが、現実でありましょう。

大自然をみると、私たちの眼前にひらかれている姿は、法のルールにしたがって、動物も植物も鉱物も、互いに調和されています。

自然は、正しい循環の法、ルールを示し、足ることを知った中道の神理を教えています。動物は酸素を吸って炭酸ガスを吐き、植物は炭酸ガスを求めて酸素を吐きます。動物は植物を求め、植物は動物の排泄物を栄養源にして育ってゆく。両者の相互共存、これは天の摂理です。

肉食動物は草食動物をやたらと殺しません。腹がいっぱいになれば、目の前の獲物も見送ってしまう。彼らは足ることを知り、自然の循環にそって生かされています。したがって、彼らの生活は、人間が踏み込んで荒らさぬかぎり、半永久的に維持されてゆきましょう。

人間はこうしたルールを忘れ、欲望充足に明け暮れています。

そのために、大気は汚染され、河川や大洋までが、工場排水でよごれ、動、植物の生存ばかりか、人間の生存すらおぼつかぬような状況をつくり出しています。

これらは等しく、足ることを忘れた利益追求の人間の在り方に問題があり、今や人類は、大きな壁に突き当っている、といえるでしょう。

結果は原因なくしてあり得ないし、現実の現象に対して私たちは、まずその原因を取り除くことからはじめねばなりません。

つまり、行為をつくっている心の在り方を正す必要があるでしょう。

拙著『心の原点』では、諸相の根源はどこにあるか、そして人間の在り方、生きる目的、苦しみの原因などについて、つまびらかにしたつもりです。本書を一読されれば、大自然と人間の関係を、ひと目で見渡すことが可能と思います。

ともかく私たちは、まず、自分にウソのいえぬ己の心に忠実になることを心がけねばなりません。

そうして、自己保存、自我我欲という心の公害を取り除かねばなりません。

心の公害は、他人は取り除いてくれません。何となれば、自分の肉体舟の支配者は他人でなくて自分だからです。心の王国の支配者は己であるという自覚を持つ必要があるでしょう。

自分を含めて、自分の周囲で起こったさまざまな諸現象の原因は、他人ではなくて自分にあることを悟るべきです。

今日の社会の混乱と公害問題に人びとが悩むのも、もとはといえば、個人個人の心の公害から端を発していることを知るべきです。

原因と結果の法則は崩すことは出来ません。しかし、この法則を知って、調和と明るい世界、環境をつくろうとするなら、この法則の偉大さに気づき、人生の目的は期せずして達成されることでしょう。

一九六八年七月、心と行いについて、私の心の窓が開かれたとき、私はこうした問題について多くのことを知りました。

私たちの心の中につくり出されたさまざまな心の曇りを除いてゆき、平和な人生を送ることが出来たならば、人びとは人生の偉大な価値を自ら悟ることが出来るでしょう。

庭石に腰をおろし、人生の不安から解放された自分自身を、フキノトウをながめながら、私はしみじみ思うのでした。

ある地獄界への旅

生きている人間があの世に行くというと、ふつうは常人扱いされないでしょう。人によっては、あいつは頭がおかしいのとちがうか、ということになるでしょう。

私もかつてはそのように思っていました。それも五年ほど前までは……。

片寄りのない中道の物差しで、自分の心の在り方と行動をしっかり反省し、丸い豊かな心の状態に己を浄化すると、こういうことが可能になってきます。

あの世に行けない、つまり心と肉体の分離が出来ないのは、肉体に心と魂が執着を持っているために不可能になっているのです。

うらみ、ねたみ、そしり、怒り、情欲、足ることを忘れた欲望、思いやりがない、その他もろもろの執着の想念が、こうしたことを不可能にしてしまいます。

そこで、こうした執着を善なる己に嘘のつけない心でその歪みを修正し、瞑想すると、あの世に自由に往き来することが出来るようになります。

また、心が丸く、調和されてくると、自分の周辺が柔らかい黄金色のオーラ（後光）で包まれてきます。

私が、地獄を見に行くときは、守護霊の不空三蔵に、そのことを心の中で依頼します。

しばらく瞑想していると、私の肉体舟に小さな振動が起こり、船頭さんである自分の意識が抜けて行きます。すると、瞑想している肉体舟の前に、すっぽり出ているもう一人の自分がいます。

そのときの気持は、すっかり落着いており、こだわりも、恐ろしさもなく、心の中は平和です。心の中にスモッグがなく、神の光に満たされているので、少しの不安も動揺も起きないのです。

船頭である自分の意識・魂ともう一人の肉体舟には、劇場のスポット・ライトを浴びているように神の慈愛の光が与えられています。

また、そのスポット・ライトの光のドームは、この世とあの世を結んでいる通路といえます。

光のドームは、ふつう霊子線ともいわれ、その霊子線は、その人の心の調和度によって太くも細くもなります。

心に歪みがなくなり、調和されてくると、霊子線が明るく、太くなり、黄金色となってきます。

心の調和度によって、神の光がふりそそがれるので、劇場のスポット・ライトのような照明が映し出されてくるのです。

通常、死といわれるのは、この光のドームである霊子線が途中で切断され、二度と再び肉体舟を支配出来なくなった状態です。

霊子線の太さ、明るさは生前の心の状態に比例してつくられており、死後の生活の決定は、霊子線が切断されたときの霊子線の状態によってもちがってきます。

つまり、地獄に堕ちる者、天国に昇天する者、それは霊子線の切断時の状況によって大きく左右されるといえましょう。

しかし、あの世の地獄に堕ちたとしても、自分を反省し、神の子としての自覚が芽生えてくれば、その芽生えた心境に比例した調和の世界にのぼって行きます。

この地上界の人びとが、イライラの心のままで禅定したり、瞑想にふけることは、戸締りをしないで眠るようなものです。それはもっとも危険この上ない行為といえましょう。

この地上界には、すでに亡くなって地獄界におり、厳しい環境に耐えかねて、この世に執着を持っている霊たちが多くいます。彼らは、同じような心の持主に、生きる場を求めています。

このため、イライラの心で禅定や瞑想にふけると、類は友を呼ぶ法則にしたがって、こうした地獄霊や動物霊を呼び込むことになります。

ノイローゼ、精神分裂は、こうした別人格の霊たちの憑依によって起こされた現象といえるでしょう。

もっとも、ノイローゼや精神病は、禅定したり、瞑想した経験がない者もいます。ある日突然、そうした状態に追い込まれる人もありますが、こういう人たちの場合は、心の中に執着の念を溜め込んで、常にそこから離れることが出来ないでいるためにおこるのです。

三角関係や、事業の失敗、失意、うらみ、ねたみの執着の念が心の中を占め、それから離れられないために、同類の霊を引き寄せ、精神病になってゆきます。

地獄霊の多くは、孤独で自分の小さな心の枠の中で、苦しみ悲しんでいる人びとの心を支配します。ウツ病、ソウ病はみなこうしたことが原因になっています。

電車の中などでよく見かけますが、誰もいないのに一人で口を動かし、笑ったり、怒ったりしている人がいます。彼らは地獄霊としゃべっているのです。霊視すると、彼らの脇には地獄霊がちゃんといて、いろいろ語っています。

精神病になると夜眠ることが出来ません。肉体を支配されてしまうからです。精神分裂は本人以外の別な霊がその肉体を支配し、しゃべり始めるので、話があちらに飛び、こちらに飛んできます。聞き手は相手の話が急に変わり、それまでのその人でない傾向を帯びてくるので、これはおかしい気が違ったと見てしまいます。

精神病になると大抵はその一生を棒に振ってしまいます。気の毒というほかはありません。しかしその原因はどこにあったかといえば、精神病を誘発する本人の心が、モノに執着するために起こるのであり、それも非常に片寄った形をとるので、どうすることも出来ません。

地獄霊は神の子としての本性を失っているため、生前の名前も、住所も、忘れ去っている場合が多いのです。

地獄に堕ちた人びとは、在世中に神の子としての己自身の心を失い、自我我欲、自己保存に明け暮れた人びとです。

これらに憑依された人びとの心も同じです。だからその地上界での生活は、すでに地獄界を現わし、心は常に何かにおびえ、あるいは怒り、不安定そのものなのです。

救いは、個の生命の自覚以外にありません。自覚は正道の実践生活の中からひらかれて行くのです。

地獄霊たちも人間と変わらない肉体を持っています。肉体といっても原子細胞の肉体舟ではなく、光子体といって、光の細胞で出来ています。その光子体は心に曇りをつけたままなので、黒くよどんでいます。

天使の光子体は、光にあふれているので、天使が彼らの住む世界に行くと、彼らはまぶしくて、その姿を見ることが出来ません。

地獄界はさまざまな世界をつくっています。

この地上界で常に闘争と破壊を目的として人びととの調和を失った者、思想の自由を否定して自己保存に徹した者たちで、心に闘争心を持ったままでこの地上界を去った場合は、アスラー（阿修羅）の世界に堕ちてゆきます。

また、題目闘争とかいって、何万回お題目をあげれば功徳がある、というような間違った信仰をもった人びとも、死後の世界は阿修羅界です。

阿修羅界は心を休めることが出来ないばかりか、常に、自分以外の者は皆自分の敵であり、争いにつぐ争いをくり返しています。地獄とはこんなに恐ろしいところか、と思うほどであります。

地上界の信仰の中には神罰というのがあって、その信仰に疑問があっても、神罰を恐れるあまり、盲信、狂信の道を歩んでしまいます。

常識で考えてみて、神仏が人間に罰を与えるかどうか、まず考えてみる必要があるのです。

神仏というのは人間の親です。神仏の心は太陽の熱・光のように、善人、悪人の差別なく、万人に惜しみなく与えてくれる慈悲の心しかありません。その神仏が、一寸先も不明な人間に、どうして罰など与えましょう。

罰は、人間の心の黒い想念がつくりだすものなのです。

子の不幸を喜ぶ親がいないのと同じように、神仏は人間の幸せを常に願っています。

信仰しないと罰を与える、お金を上げないと怒り出すなど、こういう神を、恐れてはいけません。

罰は、正道に反した偽我の自分がつくることを知り、心と行ないの正道を悟ることが大事です。

それが神の心なのです。

さて、肉体から抜け出したもう一人の私は、明るいドームから段々と薄暗い中を下ってゆきました。

ちょうど、エレベーターに乗って、何千メートルもの谷底に降りて行くような気持です。

着いた場所は、陰気で底冷えがし、大地はジメジメして、まことに感触が悪い所です。

樹木は薄黒く、緑の葉にも生気がありません。

小さな村の入口に立った私は、ボンヤリと浮かんでいる家の前に行き、中の様子をのぞいてみました。

家の中から小さなほの暗い光が外に漏れています。灯はランプでした。

障子は破れ、気持の悪いほど陰気臭い雰囲気です。

障子に映る人影からすると、ここに住んでいる住人は一人や二人ではなく、多勢いるようです。

私は思い切って、

「今晩はー、今晩はー」

と、声をかけてみました。

するると、明治時代の車夫のような、薄汚れた木綿の紺の仕事着をつけた、頭は角刈りの主人風の男が、建てつけの悪い戸をあけました。

角刈りの男は、見なれぬ私をジロジロにらんでいましたが、あごで会釈し、家の中にはいれと促します。

男はひと言もしゃべりません。

通された部屋は十二畳ほどでした。

中央に大きな座卓が置かれ、床の間の正面のところに、口が耳元までさけた老婆が座っています。

髪は白く、バサバサ。眼はランランと異様に光り、この世では、とうてい見ることの出来ない風態の老婆でした。

〈とんでもないところに来てしまった〉

案内された私は、そう思いました。

私は老婆の眼をそらし、座卓のはじに座りました。

老婆の右隣りのヤクザ風の男三人が、私の顔をジロッとにらみ、その中の一人が、

「オッ、新参者が来たな、これは肉付のいい、うまそうな餌物がとびこんで来たものだ」

「お前たちのような三ン下に、いちばんうまい、尻の肉などやれるもんか。勝手な真似をしたら承知しないよ」

三十九位になる男を老婆がにらみつけ、そういいました。

「俺たちにも片腕ぐらいくれよ」

「うるさい。私がいいというまでひっこんでろ」

どうやら、ここの連中は私を食べようという算段です。

老婆は、どこにどう隠し持っていたのか、出刃包丁を皆の目の前に差し出し、座卓の上に思い切りつき差すと、

「さあ、片腕を出しな」

大声をあげ、私にそう迫るのでした。

私は心の動揺を抑え、はっきりといいました。

「私の体が欲しいのならあげてもいい。ひもじい思いをしている君たちだ。私の体を食べて生きられるならそれもいいだろう。しかし私を食べる前に、私のいうことを聞いてもらいたい」

「どうせお前は私たちに食べられる運命だ。いいたいことがあるならいってみな」

私が黙って周囲を見回していると、

「逃げようとしたって無駄なこったあ。さあ、観念して、とっととしゃべりな」

老婆は髪をふり乱して大きな口をいっぱいにあけて、がなりたてました。

「こいつを逃がさないように、一人は戸口のところで見張れ」

老婆にいわれて、若い一人が土間におりながら、

「俺にもわけ前くれよ」

「何いってんだい。お前から食べようと思っていたのに。お前はこの男がまぎれこんで来たから助かったんだ。つべこべいうな。お前のような肉付の悪いやつより、こっちの方が脂が乗っていらあー。お前も逃げたら承知しないよ」

老婆の形相は鬼気迫るそれであり、映画や芝居に出てくる鬼婆といってもいいが、し

かしこれは現実であり、その恐ろしさたるや想像を超えたものです。

老婆を見た瞬間は、ハッとしましたが、彼らのあさましい態度や心の動きを観察していると、この場の恐ろしさも消えて、むしろ、彼らが哀れにさえなりました。

私は、私の肉体が食べられる前に話をしようと思いましたが、彼らに神理の話をしたところで、聞く耳を持たない者はうけつけません。

そこで腕でも尻でもいい、食べたいなら食べてもらおう、と思いました。

「あなたたちに、良い話でもしてきかそうと思ったが、話をするのも勿体ない。私の肉体を食べて腹が一パイになったら、ゆっくりと話そう。さあ、食べてくれ」

私はこういい、老婆に近寄ってゆくと、老婆はどうしたわけか、座ったまま後ずさりして、私から離れてゆくのです。

いかつい目をしたヤクザ風の男の前に、私の腕を差し出し、さあどうぞというと、この男も、後に下がって、びっくりしています。

耳元までさけた老婆の口は、もうこのときには普通の人のそれに変っていました。

「あなたたちは腹がすいているのだろう。さあ食べなさい。なぜおどろいているのか。

遠慮しないでいいのだ。腹が一パイになるまで食べたらいい」

彼らは、私の態度に、あっ気にとられ、何もいえません。

餓鬼界に堕ちている地獄霊たちには、他人に身を供養しようなどと思う者は、一人もいないのです。

自分さえよければ、それで満足な者たちばかりです。

この地上にも慈悲のかけらもなく、自己中心の生活をしている者たちが多いのです。

他人の苦しみをみても、愛を与えぬばかりか、自己満足の餓鬼界に通じる憐れな人びとです。

しかし彼らにも弱点はあったのです。

それはどんな地獄霊でも、心からの慈悲と愛の行為、つまり、彼らのために自分の身を供養する、という勇気には勝てないということでした。

今にも飛びかかろうとしていた老婆でさえ、耳元までさけていたあの赤い大きな口が、普通人のそれに変わり、慈悲の心がよみがえり、顔の相までおだやかになってしまっています。

心の作用が最も敏感に変化する様子は、この地上界の比ではないことを思い知らされたのでした。

ヤクザ風の、いわゆる兄ニーたちも同じでした。

「あなたたちは、なぜこんな厳しい餓鬼界に堕ちているのか、知っていますか」

私は、彼らのひるんだスキにそう問いかけました。

すると老婆は、正座に座り直し、うす汚い畳に両手をついてこういいました。

「貴方のようなお方にお会いしたことはありません。しかも体から光を出しておられます。それも、この体を食べよ、といわれたときに、貴方の体から輝くばかりの光があふれ出てまいりました。今までは、こいつを食べてやろうとすれば、誰も逃げ出し、やっとつかまえて食べてみても腹一杯になりませんでした。貴方様は、私たちに驚かぬばかりか、やさしい言葉で話されます。私たちは優しい言葉に一番弱いのです。どうぞ、私たちを許して下さい」

老婆をはじめ、ここの住人たちの心にも、仏性がよみがえって来たのでした。

「皆さん、下を向いていないで顔を上げなさい。永い年月、この厳しい地獄界で生活していたのも、地上界でその原因をつくり、神の子としての道を外し、人をうらみ、ねたみ、そしり、怒り、嘘をつき、盗み、他人に対して慈愛の心もなく、一生を無駄に過ごしてきたからなのです。

自分さえよければよいという生活は、人間の正しい生き方ではない。そのために、あなたたちは心の中に、自分の思ったことと行なったことの一つ一つに曇りをつくり、神の光をさえぎってしまったのです。これを機会に、地上での生活を思い出し、ウソのつけない善なる心で、自分の間違ったことを反省しなさい」

「反省とは……どういうことですか」

「反省とは過ぎ去ったことを思い出し、間違っているところを見つけ出し、その間違いの原因がどこにあったか、間違いの根を取り除き、心から神に詫びることです。そして二度とその間違いを犯さないような生活をしていくことです」

「ハイ、わかりました」

「老婆、そなたはここに来る前、どこに住んでいたのか」

私は少し厳しく老婆に問うてみました。

彼女は体を硬くし、上目づかいをしながら、神妙な調子で話し出しました。

「ハイ、私は吉原というところで客を取っていました。生れは上州の碓氷《うすい》の庄、水のみ百姓の娘で、家が貧しかったために、吉原に売られたのです。

吉原では遊人やお武家様が毎晩のように私の元に参り、それはそれは本当につらい毎日でした。病気をしても休むことが出来ず、客を取らなければ、ひどい仕打ちを受けます。生きるに希望もなく、親をうらみ、人をうらみ、身のあわれを悲しみました。信じられる人はなく、金のある者、身分の高い者を相手にしか生きられません。他人を構っていては生きられなかったのです。

今いる場所は地獄なのでしょうか。どうしてここに来てしまったのか、私にはわかりません。今は自分の力以外では生きられませんから、こうして人を食べて生きて来たのです」

言葉は江戸時代の廓《くるわ》の言葉で、ちょっとわかりにくいところがありましたが、老婆の身の上話をきくと、老婆の気持が理解できました。その話から察すると、老婆は相当の期間、ここの住人になっていました。

「老婆よ、あなたの名は」

「ハイ、うばざくら、と申します」

「あなたはすでに二百数十年も地獄にいるのです。早く昔のことを思い出し、一つ一つ、間違った過去の出来ごとを神に詫びなさい」

「へェー。もう二百年も過ぎてしまったのですか。私はまだ死んでいないのですが……」

と、びっくりして顔を上げ「私の生まれた上州の家はもうないのでしょうか。母は、父は、兄はどうなったんでしょう」

老婆はようやく自分の過去を思い浮かべ、故郷に残した両親の顔を思い出そうと必死になっていました。

地獄に堕ちてしまうと、死んだときの心の状態のままで、時間の観念がなくなってしまうのでしょう。いうなれば、「時間」が止まってしまうようです。

隣に座っていた兄貴らしい男が語り出しました。

「あっしは昭和二年、たしか四十八才です。高松の海岸でお祭りの日にヤクザの出入りがあって殺され、それ以来、うばざくらの姉御《あねご》に救われ、こうして生活しています。あっしの呼び名は〝真砂の兄〟（まさごのアニー）といいます」

これは四国なまりのヤクザで、その口調は渡世人の仁義の、あのやり方です。

男の隣には四人ほど神妙に座って、最前からうなだれて聞いています。いずれも人相の悪い男たちで、老婆や真砂の兄の手下のようでした。

しかし彼らも、ようやく心の中に灯が点じられ、過去の思い出がよみがえって来たようでした。

「真砂の兄とやら、あなたはもう四十数年もここに住んでいるんですよ。君たちも老婆のように、心をひらいてよく反省し、間違った過去を、心から神に詫びることだ」

「ハーイ。もう四十何年も、うばざくら姉に厄介になっているんですか。あっしたちは、今度どちらに行ったらいいんですか。高松の親分のところに帰ればいいんですか。それとも徳島の実家に帰ったらいいのでしょうか」

「四十数年前なら、もう親分もいないだろうし、徳島に帰っても仕方がないでしょう。あなた方の帰るところは、日本ではない。平和な天上界で生活するのです。そのためには心の中につくり出した心の曇りを払い、神の子としての自覚にめざめることが必要です」

　私は彼らに対し、約三時間近くも説いてから、別れを告げると、

「あなたはどこへ帰るのですか」

と、老婆は私に追いすがるように聞くのでした。

「私はまだ地上に住んでいます。東京に帰るのです」

「へェー、東京ってどこですか」

「東京とは昔の江戸です」

「私を連れていって下さいませんか」

　老婆は目に涙をため、私にせがむのです。

「それはなりません。私の教えたように、よく反省しなくては、また今の所に戻されてしまいますよ。あなたたちの帰るところは東京ではなく、天上界という明るい光の世界です。心が美しくなれば、必ず迎えに来ます。天国の天使たちが……」

「それまでダメですか。あなたは神社の神さまですか、仏さまですか」

「いやいや私はただの人間です」

このとき、私の守護霊の坊さんが姿を現し、うばざくらたちに話を始めたので、谷底の村から、私の体は飛ぶように上空に舞い上がり、彼らから離れてゆきました。離れてゆくにしたがって、杉の木の緑が次第に明るさを増し、やがて光明に輝く芝生の平地に私の体がふわりと降り立ったのです。

はるか前方上空をみると、黄金色に包まれた光明の世界がひらけています。今見て来た地獄の餓鬼界の暗闇とは比べものにならない美しさでありました。

地獄の世界には、昼間というものがありません。年中暗闇の世界で、ランプのわずかばかりの、ぼんやりとした光しか与えられていないのです。自分以外は皆自分の敵であり、いつ自分が他から襲われ、食べられてしまうかわかりません。しかし彼らは食べられ、苦悶の中にあっても、また五体をつけ、生き返り、お互いに食い合いをして、一日として心の安まるときがないのです。苦悶と食い合いが、彼らの生活でありました。しかし、いくら食べても腹は満腹することなく、いつも飢えにおびえています。

私は黄金色に包まれた、はるか前方の光明の世界に向かって歩いて行くうちに、自分の肉体に戻り、禅定を解きました。

自分が抜け出しているときの肉体は、主人のいない脱け殻であり、このため、外部からその肉体に向かって声をかけられても、しばらく時間をかけないと、正常には戻れません。

この場合には、はるか遠くの方から人の声が聞こえ、自分を呼んでいました。

私はこのようにして、よく禅定中にインドやエジプトの上空から風景をながめたり、しぶきがかかる海上をものすごいスピードで飛んで行ったりします。

肉体の自分がそのまま経験しているのと全く同じであり、したがって金のかからない旅行の楽しみを味わうことが出来るといえるでしょう。

天上界などに行く場合は、本当に禅定三昧の境地を、心ゆくまで味わうことができます。

これは決して夢物語ではなくて、心と生活を正道に合わせて毎日を送るならば、誰でも体験できるものであり、私の独占物ではありません。

後光（オーラ）と憑依

私たちの肉体舟は原子細胞集団によって構成され、この地上界の環境に適応できるように出来ています。

正道を生活の指針として生活している人びとは、この原子体の肉体舟は薄い黄金色の光によって包まれています。

正道の生活は、神の光に満たされているのです。

神の光は、原子体と次元の異なる光子体ともいうべき霊体に与えられています。正道の生活とは心に曇りのない生活であり、曇りがないから光が与えられ、安らぎの生活が自然に行えるようになってゆきます。

後光、あるいはオーラというものは、肉体と光子体から発散している光のことです。

その大きさは、その人の心の広さに比例しています。

心の大きさは、転生輪廻の過程において体験された心の広さと、現在、肉体舟に乗って生活している人の、心と行いによって定まってくるものです。

しかし、過去世において、偉大なる光の大指導霊であっても、現世において正道を物差しとした生活を怠ったならば、後光の量と大きさは小さくなってしまいます。

光の中には、紫、桃色、赤色というように、心の状態によって、後光の色がちがってきます。

怒りの心は炎に包まれ、赤い光が体から発散しています。

愚痴の心は、灰色がかった暗い色が出ています。

恋愛に心を乱し、理性が働かないときは、ピンク色が発散しています。

人を呪い、野心や欲望に燃えているときは、黒色かねずみ色に変わっています。

これらは心をスモッグでおおい、神の光をさえぎるため、心に毒をつくり、肉体的にも不調和になる原因を宿すことになります。

こうしたときは、正しい判断は出来ないものです。

一秒一秒の心の動きに、後光の色彩とその量が変化する。それは全く、大自然の天候と同じように変化してゆくものです。

（菩薩、如来界）　（神　界）　（霊　界）

心の美しい人びとが心を調和しているときや、正しい心の教えを説いているときは、過去世のその人の顔と、現世の顔が写真の二重写しのようになり、光子体からは体全体にわたって、光明に満たされ、後光が放射状に発散されています。

図の通り、後光は次元の異なった世界の段階を反映して発散されていますが、それらの後光は、そのまま、本人の死後に行く世界をも表しているといえます。

光の量が小さいと上段階に行くことは出来ないということです。

これらの後光は、人生において自分自身がつくり出した心の調和度によるものであり、決して他人のせいではありません。

人類は皆神の子、すべて平等であります。心の広さの段階は、自分自身の責任であるといえましょう。

怒り、そしり、ねたみ、愚痴など不平不満を抱いていると、必ず肉体的にも不調和な現象を現すが、間違った信仰をしている者たちにもその心と同じ性格の地獄霊が、その人の光子体に憑依しています。

地獄霊が憑依すると、地獄霊の死因となったその病状が被憑依者にも現れます。たとえば、結核で苦しんで死んだ地獄霊が憑依すると、被憑依者は結核のような症状を呈してきます。

これは十人が十人、そうなるとは限りませんが、おおむね、そういう傾向を帯びてきます。人によっては、地獄霊が結核で死んでも、肉体的にいちばん弱いところが病気という形で現れる場合もあります。

この点を逆にいうと、彼らは、その人の肉体的に最も不調和なところに憑依するといえましょう。

憑依する地獄霊のほとんどは、厳しい地獄界の生活に耐えられず、地上界に執着を持っている者たちです。彼らの大半は、死んだときの年月ぐらいしか記憶がない者や、自分の生前の名前も忘れ、いわゆる、心喪失の旅路を続けている者たちなのです。

一方、憑依するものは地獄霊（人間）とはかぎらず、地獄の蛇や狐たちもおります。

これらは菩薩や天使たちの姿に変化《へんげ》して見せることがありますが、彼らは、ほんの二〜三分位しか変化することが出来ないし、変化しても、彼らの後光の色は青光りするような不調和な色彩です。

他力信仰をしている人びとは、その姿をよく見ることがあります。

そのために、彼らのそうした変化した姿を見て、神さまだと思い、如来だ、菩薩だと判断することは非常に危険なことです。

上段階の大指導霊や、光の天使たちの出て来る場合は、肉体を持つ地上界の人びとの心が調和されていない限り、その姿を見せることはないし、だいいち盲目な、人間をおどろかすようなことは決してしないのです。

神がかりになって、体を上下に動かしたり、合掌している手先が蛇行するような場合は、すべて、動物霊がその人を支配しているのです。

このような人びとは、まことに危険極まりなく、健康にも、日常生活の上においても、いろいろな支障が起きてきます。

またこうした動物霊たちは、肉体先祖が浮かばれていないからお祭りをして供養しろとか、多額の金品を要求したりします。

動物霊が憑依している者は、本能的欲求が強く、したがって、憑依されている行者は、金とか、地位とか、色欲にほんろうされます。

こうした行者や拝み屋、教祖と称する者にだまされてはなりません。

天使や上段階の指導霊は、決してお金などは要求しないし、あの世に日本円や、ドルを持っていっても使い物にならないことを知っています。

金とか地位は、欲深い人間が欲しいのです。

そして、あの世の魔王、動物霊たちは、そうした使い物にならないものを欲します。

これはこうした地獄霊たちは、地上界の欲望を持ったまま、あの世にいるからであり、その執着が容易に消えないために地獄に堕ちているわけなのです。

地獄界とは、自分本位、欲望の虜《とりこ》となった執着心がつくり出した世界なのです。

心の面からいうと、それは小さな心を意味し、本来の、丸く大きな、ふくよかな心を欲望という想念で、がんじがらめにしばりつけてしまった、かたくなな心を意味します。

本来自由な心を、我欲でしばれば、小さくならざるを得ません。

日本の、八百万《やおよろず》の神々といわれる神のなかには、天上界の光の天使や天使もいます。しかしこうした神は、ゴッドの神ではなく人間の〝上〟（かみ）というべきなのです。

そして彼らにも、必ず後光が出ているはずです。

後光が出ていないとすれば、地獄霊たちが変化《へんげ》して名乗っているのですから注意が肝要です。動物霊が支配している場合は、座ったまま一〜二メートルも空中を飛びはねることもあります。彼らは人を驚かすところに特徴があるといえます。したがってそのようなときは、すべて地獄霊の仕業と見て差し支えありません。

神がかりや、不自然な言動をする場合は、必ず動物霊が支配しています。

不動明王だの、竜王だの、稲荷大明神と名乗って出て来る場合も動物霊がほとんどであり、まことしやかに振る舞うので特に気をつけなくてはなりません。

予言をする、病気を治す、それだけで信じてはいけません。

また罰があたると脅迫するようなことがあれば、これもまた地獄霊です。

いちばん大事なことは、神がかっている人間の品性や言動をよく観察することであり、正道を心の物差しとして生活しているかどうかが問題なのです。

地獄霊が憑依すると、おごり、怒り、そしり、ねたみ、欲望の渦の中にひきずられるため、心は常に動揺し、不安定です。

いくら口先でうまいことをいっても、その考えること、行為に大きな矛盾がでてきます。

不自然な霊力や脅迫に遭うと、人はつい盲信、狂信になりがちです。

病気や不幸が癒されたいという場合は、特にそうなってゆくようです。

正しい判断が出来ずに、拝んだり、祈ったりしていると、動物霊や地獄霊に憑依されます。

どうして憑依されるかというと、汚れた心を持ったままで強い願望を抱くからです。

家内安全、商売繁盛は誰しも願うところです。しかし、そうした形を整える前に、家庭内の調和なり、努力なり、工夫が必要でしょう。盲信、狂信はこうした過程を踏まないで、目的のみを追い求めようとします。いうならば不調和の心のままで自己満足を求めます。

願望の質的内容は何であれ、人が何かを願うと、そこには必ず念の作用が働きます。そうしてその念は自分に返ってきます。

悪を思えば悪が、善を思えば善が返ってくるように……。

また念の作用は、この世だけではなく、あの世にも作用してゆきます。

不調和な心のままで、まちがった願望を抱くと、あの世の地獄界にそのまま通じてしまうことになります。

動物霊や地獄霊は、いわばその不調和な波動に乗って、その人の心を支配してくるようになるのです。

病気を癒してもらうために祈ったり、拝んではみたものの、ますます病気は悪化してゆきます。

教祖とやらに一度は病気を治してもらった（?）が、こんどは別な病気が出てくると、信仰が足りないといわれ、さらに狂信に走ってゆくのです。

これらは皆、憑依による現象であり、目的のみを求めた不幸なケースといえましょう。

間違った信仰（その一）

見えない世界への憧れ、それを知ろうとして昔から、さまざまな行を求め、あるいは信仰に入って行く者が多いようです。

たとえば、山中に入って厳しい肉体行をする。神社、仏閣で祝詞《のりと》をあげたり、経文を読誦《どくじゅ》したりする……。

信仰に対する心の働きは、病気、貧乏、家庭的な悩みなどから他力信仰に入る者もあれば、霊能力を身につけ、人びとにその力を与えてゆきたいとする者もいましょう。

現代宗教の多くは、その目的も動機も、人間の欲望を満たそうとして生まれてきたといってもいいでしょう。

つまり、現代宗教のほとんどは、現象利益という欲望を軸にして動いているからです。

行者の末路の多くが哀れをとどめ、あの世の生活はまず十人が十人、地獄で苦役にあえいでいる事実を知るならば、信仰の誤りほど恐ろしいものはないといえましょう。

最近、私の著書、『心の発見』、『原説・般若心経』などを縁として、自己の霊能力を見せようとする者、三十数年も肉体舟の厳しい荒行に耐えて来たという行者、神さまがなんでも教えてくれるという霊媒、憑依霊をお浄めするという人間のつくった御霊魂《おみたま》とか称する物をつけてくる者。

そうかと思うと、信仰をやめると死ぬといわれ、ある教団から逃げて来た信者、へ理屈をのべる宗教ゴロ。

ともかく、いろいろな人が訪れてきます。

とくに講演会の際は、宗教マニアのような小天狗、大天狗たちが全国から集まってきます。

一九七二年八月、栃木県古峯での研修会のときです。

九州から参加したN医師は、長い年月神道を学び、おはらいに行く神社の氏神さまが、N医師の体を通して出て来るというのです。

氏神さまが出て来るというわりには肉体は病的で、後光（オーラ）が非常に暗い。

私はN医師の前に行き、心の調和をはかるよう光を送りました。

数百人の参加者は、私の動作にかたずをのんで注目していました。

一〜二分位すぎた頃、N医師の合掌している手が、上下にふるえ出してきました。

N医師の後には神と称する地獄霊がはっきりと見えます。

私はN医師の精神統一を休ませて、

「Nさん、あなたは非常に肩が張り、いつも頭痛持ちのようですね。それからときどき、心臓が動悸するはずです」と質問した。するとN医師は、

「実は二十数年来、言われた通りの持病がありますが、いつも神さまが守っているからと申されるので安心しているんです」

と、いいます。

「Nさん、あなたはこの研修会に来る前の日に、研修会に参加するのが、何か恐いような感じがしましたね。そして、あなたを守っておられる神さまという方は、行かない方がよいといってたでしょう。

しかしあなたは、もっと霊感の力をつけたいと思って、強引に来てしまいましたね」

「おはずかしいことですが、私は医者です。何とか神の力を借りて、多くの病人を治し

たいのです。そのために、はるばる九州から参りました。よろしくお願い致します」

病める人を救ってやりたい、という慈悲の心があるために、今憑依している氏神を名乗っている地獄霊は、その問題に手も足も出ないのだなあ、と私は思いました。

しかしN医師の体を通して、この地獄霊を出せば、一時、意識を持ってゆかれることは間違いありません。

その理由は、憑依している地獄霊は、本人の肉体と同体になっている光子体（霊体）に密着しているからです。

ちょうど、封筒にはった切手をはがそうとするときに、切手に、封筒の紙が一緒についてはがれてしまうのと同じ理屈なのです。肉体を持っている人の心の調和度に比例した光子量が、地獄霊に持ってゆかれてしまいます。

そのため、呼吸困難をひき起こすことがあります。

正道を、心と行いの物差しにして生活している人びとには、地獄霊は近づくことは出来ません。

しかし、怒り、そしり、ねたみ、愚痴、欲望など、暗い心の曇りを抱いていると、それと同類の地獄霊が憑いてきます。

　人類の幸せ、慈悲の心を我がうちに生じせしめたいとして、神社に詣でることは決して悪いことではないが、人間の本性を忘れ、自力と他力の区分けが出来ないと、問題が生じてきます。

「どうです、氏神さまと話をしてみましょうか」

「今、私は体が汚れていますので、みそぎをやって、心を落ちつけない限り、氏神さまは出て来ません」

　しかし、氏神は見えているし、その地獄霊はもうイライラしており、早くこの場を切り抜けたい気持でした。

「Nさん、みそぎとはどういうことですか」

　私は、あえてたずねてみました。

「塵ほこりにまみれている肉体を水で浄め、口の中を水で浄めてからでないと、氏神さまに申し訳ないからです」

「Nさん、みそぎの本当の意味は、心の中を、丸く大きく豊かにして、心の曇りを払うことが大事なのです。体は人生航路の乗り舟で、いくら体の垢を落としても、心の垢である罪、汚れを除かなければ清浄にはならないのではないですか」

Nさんは納得がいかないようでした。

私の著書を一度は読んでいますが、一度ぐらいで理解できる人はマレであります。しかも正法は理解だけでは駄目です。それを実践してもらわないと、体験として知ることは出来ません。

この方は、旧来のろう習を破れないでいるのです。

私は氏神と称する霊に、心の中でNさんの肉体を支配するようにいいました。

Nさんは自然に手を合掌させました。すると、その手は上下に運動を始めました。地獄霊が完全に肉体を支配しました。

「あなたは誰ですか」

私は地獄霊にききました。

「予は、日向の国……郡……の氏神である。今は、御前にまかりでて、この者が見苦しい態度をお見せし、お許し願いたい」

深々と頭を畳にすりつけ、あいさつをするのでした。

「あなたは氏神と名乗っているが、それに間違いないか」

「はい、間違いありません」

地獄霊は昔の武士の姿をしています。

多くの人びとが見ているので、本当のことがいえないのです。

かわいそうにも思えましたが、このまま見過してはN医師やその周囲の人びとを誤魔化し続け、不幸にするだけです。

「氏神、そなたは誰の命令でその役目を果たしているのか」

「はいはい恐れいりました」

地獄霊は平身低頭してしまった。

「それなら本当のことをいいなさい」

「はい、私は島津公の家臣でございます」

「そうですか、あなたは地獄で迷っている霊ですね」

「はい、私は救われたいのでございます。この者には氏神といって、この者がお詣りに来る神社で憑きました。どうかお許し下さい」

「あなたも自分の心に嘘をついていることが、苦しかったでしょう。何も見えないこのNさんに憑いているときは、いつも氏神だと偽っていたが、苦しかったのではないですか」

「はい……」

武士はうなだれ、何も語る元気さえなくなってしまった。

彼は神社の周辺で戦死した自縛霊（地縛霊ともいう）の一人であり、こうした迷える霊はいたるところにいます。

「あなたの名前は……」

「それはご勘弁下さい。武士の情です」

まだこの男には、自己保存の心がありました。

心を裸にすることが出来ないために、自己保存という執着が心に曇りをつくり出しているのです。

天上界に帰っている者なら、必ず名乗り出るものですが、地獄界で悪いことばかりして、人びとに氏神だとウソをついてきた男です。百何十年もの間、地獄界にいて、そこから逃れて地上で自縛霊になっているため、恥ずかしいのでしょう。

本来なら、この地獄霊に今までの間違いを反省させて、正道の心の在り方を教えてやればよいのですが、時間がないのでそれは出来ません。

また、このような地獄霊に長時間にわたって支配されていると、Nさんの肉体も苦しいからであります。

「あなたは二度とこの人に憑いてはいけません。さあ、この体から外に出なさい」

こういうと、地獄霊は、Nさんの体から出ていき、Nさんは意識を失い、後ろに倒れてしまいました。

幸いなことに、Nさんの後方に支えている者たちがいたので、後頭部を強打することはありませんでした。しかしNさんが自分の意識に戻ったのは三十分くらい経ってからで、ようよう自分の力で座れるようになりました。

意識が回復してから、私はたずねました。

「Nさんどうですか、大丈夫ですか」

「はい、体に背負っている重荷をおろしたようで、非常に軽くなりました」

「頭がすっきりして気持がいいですね」

私は氏神のことは何もいいませんでした。

ここでいちばん大事なことは、Nさん自身が正道を実践することであり、神さまに祈ることが信心深いという誤りに気づいて欲しい、ということです。

さわらぬ神にたたりなし、ということです。

研修会場は霊囲気《れいいき》が悪く、天狗の多い場所であり、禅定中に大きな体の、大きく長い鼻をした天狗がよく側に来ていましたが、悪いことはしませんでした。

彼らの顔は、天狗のお面とそっくりです。

天狗を霊視した者は多勢いました。

問違った信仰（その二）

人生において、病気は大きな苦しみの一つです。

精神的、経済的にも負担になるし、ひとつ間違うと、肉体舟の破壊という不運なことにもなってしまいます。

医者に見捨てられ、どうにもならない人びとが、私の事務所を訪れて来ます。

その中で最も多いのはノイローゼであり、それに原因不明の肉体的不調和です。

一九七二年十二月十二日午前九時半頃のこと、場所は東大阪において、私の講演会が始まる四十分位前のときでした。

高山真理子と名乗る中年の夫人が、私の控室を訪れて来ました。

医者から見放され、左半身マヒの気の毒な方で、主人に先だたれ子供もなく、孤独な人生を送っているのでした。

病状は一九六三年二月五日、突然脳溢血で倒れ、当時四人の医師より再起不能と診断され、病の苦しみとともに将来に生きる望みを失っていました。

その頃、東大阪に、ある教団があって多くの人を集めていました。彼女は心の平和を求めるために入信したのです。

信心を通して二年後には再起不能といわれた体も、日常生活にはことかかぬようになってゆきました。

しかし発病したときから視神経を侵されており、左半身知覚麻痺で右手はしびれ、その上三叉《さんさ》神経痛という後遺症が残っていました。

そのために右顔面は、終日針でさされるような痛みがあり、ときには眼球が飛び出しそうな激痛に襲われることもたびたびありました。

眼と顔面の神経が侵されているため、字を書くとき、物を見るときなど、必ず右眼をつぶらなくては、はっきりと焦点がつかめず、水鼻が口先まで流れてもわからない状態であったのです。

医者は長い間の病気のために、全治はむずかしい、つらければ右側頭部より三叉に向かって薬を注入する以外にない、ということでした。

未亡人はこの痛みさえとれたら、どんなに楽になるだろうと常に心の中で思っていました。

左半身は熱い湯につけてもわからず、火傷しても感覚がなく、十日程度の火傷もしました。

私の前に座った未亡人の右眼は左眼より下にさがり、永い年月苦しみに耐えて来た気の毒な姿でした。

私には、未亡人の背中に憑依している中年の男性が、苦しそうに光子体にすがりついているのがはっきりと見えます。

亡き夫でありました。

地獄に堕ちたが、その苦しさから未亡人を頼って来ているのであり、一人残した妻を心配もしている様子でありました。

このままでは、病気はおろか、この主人に連れられて地獄に堕ちて行ってしまいます。いわば死神がついているということです。

未亡人に対してこの事実を明かすことが果たしてよいことなのだろうかと、一瞬、私はとまどいました。

しかし、この迷える主人を未亡人から離さなくては危険この上もないし、彼がなぜ地獄に堕ちたのかを諭《さと》さなくてはなりません。

そこで、

「高山さん心を落ち着けて下さい」

と、心の調和をはかるようすすめました。

彼女は合掌して瞑想に入ってゆきました。

亡き夫は未亡人の体を段々と支配し、顔まで男性のように変わっていきます。

合掌している手がふるえ出し、体がローリングを始めました。

完全に彼女を支配しています。

「あなたは名前をいいなさい」

と、支配している亡夫に言葉をかけると、

「真理子は、わてのよめはんですねん」

間違いなく彼女の夫でした。

「あなたは、この方に憑いていてよいと思っているのですか」

「わてが、嫁はんの側におって何が悪いんや、わても病気でんねん、嫁はんに頼らなくて、誰に看病してもらうんや、体の自由がきかへんのや。自由がきくんようになれば、いつでも離れてやりまっせ」

やはり、脳溢血で倒れたまま地獄に行ってしまっているのです。

そして、肉体が亡びて八年間経っても、まだ病気をしているのです。

それには、それなりの理由があるからです。

生前は、暴飲暴食、情欲におぼれ、夫婦としての調和がなく、怒り、そしり、ねたみ、愛の何たるかも知らず、慈悲の心もなく、ひとりよがりの人生を歩んで来ました。

その結果、自業自得の病にたおれたのです。

そして、現世で犯した罪のつぐないをしているのでした。

しかし、それにしてもわざわいを彼女にまで及ぼすということは、許されるものではありません。

なぜならば、さらに大きな罪をつくり出しているからです。

ここで問題になるのは、その不調和な原因には彼女の心と行いにも関係があるということです。生前において、亡き主人に対して、主人の生活行為の不調和な姿を見たり聞いたりすることによって、しっと、そしり、ねたみ、怒りによって心の中に多くの曇りをつくり、毒を食べていたということです。

類は友を呼ぶ、作用反作用の法則は厳然として私たちの心と行いに作用して来るという事実、因果応報の法則はさけられるものではないのです。

「ご主人、すでにあなたのこの地上界での肉体は滅びたのです。

すでに死んでいるのです。

地上界で持っていた肉体舟の病気はもうないのです。

心が病気をしているのです」

「わては、この通り肉体を持っておりますがなあー。

現に自由に体が動きまへんがなあー。

わては病気なんや、この通りや、どうにもなりまへんがなあー、わてのことなど他人にわからへんがなあー」未亡人の口から出る言葉は、男性のそれでした。

「私は先ほどから、あなたのことは全部知っているのです。

病気のことも、生前に何をしたかも……。

私のいうことをきかなくては、あなたはさらに大きな罪を重ねることになるのです。

地獄に堕ち、いまだに自分の肉体の自覚もなく病気をしているということは、生前に自分だけのことしか考えないで、心から他人に施したことがなかったからです。

自我の欲望のままに生活をし、暴飲暴食、そして妻に対しても暴言をはき、感謝の心もなく、やっかいになった人びとに報いる心もなく、心の中は自分のことばかり……。

脳溢血で意識不明となり、そしてこの世を去ったはずです。

あなたにも良心があるでしょう。

自分の心に嘘がつけますか、他人には今まで嘘をついて来たが、ここでは嘘は通じない。

特に、妻に対して嘘がつけますか。

心を裸にしなさい。そして嘘のつけない心で、自分の間違った人生をよくふり返って間違いがわかったら、心から詫びなさい。

いっさいの間違いを反省することだ。

妻に対して、自分の犯した罪のいっさいを神に詫びなさい。

しかも、あなたの妻は一生懸命に、法華経の題目をあげて、あなたの成仏を図ったではないか。

自分の思ったこと、行なったことの一つ一つを訂正する以外に、あなた自身、その病気を治すことが出来ない、ということを知りなさい。

あなたがいっさいの執着から離れたときに心の曇りは晴れて、心の安らぎが生まれて来るでしょう。今までのように苦しんでいたいか、それとも救われたいか、よく考えなさい」

と、厳しく追及しました。

彼女を支配したまま、彼はしばらく反省をするのでした。

そのあいだ、私は神の光をいただいて、あわれな迷える亡き夫に、心の平和が得られるよう手のひらから光を出し、与えていました。

約五分くらい後でした。

「ああ、暖かい、体のうずきがなくなった。光が暖かく、わてを包んでいる」と心からうれしそうに叫びました。

私は彼の周辺が光明にみたされてきたので、

「さあ、あなたはこの人から離れ、天上界に帰りなさい。

そして天上界の修養所で、今、私の教えたように、なぜ自分が人生において間違いを犯したか、片寄りのない判断で、第三者の立場になって、自分の幼いときから今までの想念と行為の一つ一つを、よく反省しなさい」

といって、私の守護霊に頼んで、天上界の入口まで送ってもらうことにしました。

「ほんまにご迷惑をかけました。どうか許しておくんなはれ」

「では、この人の右側に出なさい、この地上界に執着を持ってはいけません。さあ、出てしまいなさい」

というと、彼女の体から離れてゆきました。

「高山さん、もう大丈夫です。眼をあけなさい。体の具合はどうですか」

「ああ、体は湯上りのよう……、顔面のいたみもありません。

手も自由になり、左足の感覚もよみがえり、つねれば痛く感じます」

彼女は、感謝のあまり、目に涙をいっぱいためて合掌するのでした。

彼女の病気の原因は、彼女自身の心にあったのです。

彼女は、亡き夫の霊が支配している間、まったくの無意識状態がつづいていました。

そして、亡き夫の霊が離れてから、自分の意識に戻り、体はすっかり癒えて、新しい人生が待っていました。

この現象をまのあたりに見守っていた人びとは奇跡がおこった事実を、あらためて認識するのでした。

そして、片寄りのない正しい心、正しい行ないがいかに大事であるか、まわりの人びとにもあらためて、自覚が生まれるのでした。

一九七二年十一月十八日。

東京の私の事務所に、大垣という青年が千葉から訪ねて来ました。

見ると、彼の背後には若い女性の姿がはっきりと見えます。

彼は、浅草に住んでいる方からの紹介であり、私の説いている正道については紹介者から聞いている程度で、わかってはいませんでした。

そのために、彼の体を支配させて語らせた場合、ひとつ間違うと、たとえ若い女性の霊が離れても、他の地獄霊に支配されるおそれがありました。

その理由は、正しい心と行ないの物差しを知っていないからです。

青年は、肩や首が神経痛のようにじくじくと十年近くも痛んでいました。

私は、憑依している若い女性に質問しました。

「あなたはこの青年と、どのような関係なのですか」

「私は大垣の妻でございます」

「あなたはすでに亡くなっている。ご主人についていてはこの人の肉体は大変です。もちろん、あなたも苦しいはずだ。すぐにご主人から離れなくてはいけません」

「いえ、私はこの人から離れたら行く所がないのでございます」

「それはなりません。あなたには帰る所があるのです。

今のような生活をしておれば、あなたはもっと苦しむようになり、大きな罪をつくるのです。

寒い地獄界に堕ち、苦しみと淋しさから地上に出、ご主人につきまとっているが、それは許されないのです。

生前のことを思い出して、一つ一つ、あなたの思ったこと行ったことを反省しなさい。そうすれば明るい世界に出られるのです。

暗い心は、あなたの行なっていることが間違っているために曇りをつくり、神の温かい慈悲の光をさえぎってしまっているからなのです。
地上界への執着を捨てることです。
心を裸にして、いっさいの執着心を捨てなさい。
うらみ、ねたみ、そしり、怒り、しっとの心を捨てなさい」
と、話をつづけました。
そのとき青年は、
「ああ、亡くなった妻です、間違いはありません」
と、いうのでした。
亡き妻の体からは、かすかな光が頭の周囲に出てきました。
反省をしているのです。
私は迷える霊に、こんこんと神理を教え、彼女の行くべき所を説明しました。
彼は、
「私の肩と首の痛みは、どんな医者でも治りませんでした。
何だか気のせいか、圧迫されるような痛みがうすれたように思います。

今は再婚して子供までありますが、亡くなった先妻が私の側にいるようなことがあるんですね」

と、不思議そうに語るのでした。

諭された亡き妻は、主人の体からはなれ、天上界の修養所に帰ってゆきました。

それから彼の肩の筋肉、すじ、血管神経に、手当を十分位している間に、昔の体に戻り、

「これが私の丈夫なときの体です。

痛みも嘘のようになくなりました、あっ、首も自由に曲がります。

ああうれしい奇蹟だ……」

といって、彼は声をあげ、首をかしげながら不思議がっていました。

眼に見えない世界には、私たちの想像も出来ないような諸現象があるということを、私たちは知らなくてはなりません。

特に、心の作用が肉体舟にまでこのように敏感に作用するということを……。

医は仁術というように、医師自ら、その心をつくらねばなりません。それには正道の生活を規範として患者に接するようにしなければ、医学の進歩は望めないのです。

私はこうした体験を通して、医は仁術である、ということを身をもって痛感しています。

間違った信仰（その三）

著書を縁として集まって来る人びとの中には、霊感の第一人者だと自負して来る者も、非常に多い。

一九七三年三月。

大阪講演会のときでした。

講演が終り質問に入ると、前から五列目くらいのところで、元銀行員で神道を二十数年学び、厳しい肉体行をして来たという、五十代のNさんが質問してきました。

「私はあらゆる修行をして、八百万《やおよろず》の神々が私を守り、色々なことを耳もとで教えて下さいましたが、先生の著書を読み始めてからは二方の神だけにしか守られていません。

その理由は、もう私たちは用が済んだから帰るというんです。

今、私を守護して下さっている神さまは何という神でしょう、お教え願いたいのです……」

何千という聴講者はこの質問者の言葉に注目しました。

このNさんは、守護している神と自称する者の名前も知っているのですが、私の口を通して聴衆の前でいって欲しかったのでした。

初めて会ったNさんですが、はるばる四国から他流試合に来る勇気は憐れにも思えました。

神さまと自称する霊たちと仲よくするよりは、生きている人たちと人間らしく交際することが人間として必要なのです。

見えない相手を、ただ耳もとでささやかれるというだけを頼りに彼らを信ずることは、間違いを犯すもとになります。

私は、

「あなたは今、あなたに話しかけている神と自称している者たちのいうことを全部信じているのですか。

どのような規準で信ずるのですか。

どのような規準で、彼らのいうことが、正しいか正しくないかを決定するのですか。この地上界で生活をしているあなたの兄弟や親戚、友人との交際に対してあなたは慈愛の心に乏しいのはどういうわけですか」

ちょっと厳しい質問をしてみた。

「神さまは間違ったことを教えません。人間のいうことより正しいのだから、神の言葉を守ります。他の人たちは神のことに理解がないから、仕方がないのではありませんか」

Nさんはあくまで、Nさんを指導している者を神だと信じているのです。

まことに気の毒というほかはありません。

確かに私たちは誰も神の子であることには間違いありませんが、大宇宙を支配している神が、直接人間に話しかけるということはないのです。

地獄霊たちが、神を名乗って出ることはあります。

そこで彼らのいうことを、正しく判断するフィルターが必要なのです。

Nさんは盲信しているのでした。

Nさんが信者たちに対しては神の声だといって説明出来ても、第三者には通用しないのです。

指導者が信者たちを盲信狂信させるという心の公害は、地上の公害よりおそろしいものです。その責任はいずれ己自身で裁くときがくるでしょう。

講演会の聴衆の中には、まだ正道とはどんなものであるか知らない者たちも多いため、またNさんのためにも、Nさんを指導している神と自称している霊のためにも、はっきりさせる必要がありました。

私はNさんの側まで聴衆の中を割って行き、神と自称している霊に支配させて、Nさんの口を借りて、対話を試みることにしました。

合掌しているNさんの手が振動をはじめ、神と名乗る霊が支配し始めました。

「あなたは自分の名前を名乗りなさい」

と私がいったとたんに、Nさんの口を通して、

「我は天照大神なり」

と、名乗り出すのでした。

Nさんの心と行いが調和され、体から後光が出ているような心境でない限り、偉大なる光の大指導霊は、決して人間の肉体を通して語るはずはありません。

Nさんの後で、地獄に堕ちた行者が竜を使って話させている姿を、私ははっきりと見ていたのです。

「天照大神と名乗るあなたはなぜ光明にみたされていないのですか、私にはよくわかっているのです。本当のことをいいなさい」

「はい、おそれいりました。讃岐の金比羅でございます」

地獄霊は、天照大神と、今名乗ったばかりなのに、今度はさっそく金比羅だといいます。コロコロと変わってしまうのは、彼らの特徴なのです。

「金比羅は、いつから地獄に堕ちたのか。

あなたは地獄に堕ちている、ただの行者ではないか。

でたらめをいってはいけません。

本当のことをいいなさい」

「はい、私はこの者の守護霊です」

と、また、コロコロ変わってしまう。

「あなたは、誰に頼まれて、この者の守護霊をしているのか」

「竜神でございます」

「竜神には守護霊の指名権などありません。

その竜神の名前は何というのか」

「黒竜でございます」

「黒竜とはただの地獄の竜ではないか。黒竜こそ、光の天使（蛇や竜たちに正道を教えている天使で、光の指導霊になる修行の段階）のもとから逃げて、地獄と地上界をうろついている、ナガー（竜）ではないか」

この行者はだまってしまいました。

私はさらに「今、あなたの側にいるのが黒竜ではないか」

と、追及している間、黒竜は大きなボールのような目玉で私をにらみ、大きな舌をペロペロと出し、左右の長いひげをなびかせて行者の頭の上にいました。

しかし、彼らは手も足も出ません。

私は彼らに、動物としての心のあり方について説法したところ、Nさんを支配していた地獄霊たちは離れてゆきました。

Nさんは、

「ああー、こんなに体が軽くなり、頭がすっきりしました」

「やはり、地獄霊でしたね」

……ということで、自分自身で納得が出来たのでした。多くの聴衆も不自然な信仰のおそろしさを知ることが出来たのでした。

信者は、指導者の生活態度を見ることです。

片寄ったぜいたく、怒り、偽り、そしり、みだらな装飾などを身につけている者たちは、間違いなく、偽善者だといえるでしょう。

信者の心に、公害をまき散らしている張本人たちといえます。

彼らは他人を非難したり、偽りの言葉で、他人の心をかきみだし、人間の作った不自然な偶像などを高価にうりつけるのである。

そして、信者がとびつくような、出来ない約束をするでしょう。

病気や貧乏をすると、信心が足りない、罰があたったのだと、ののしるでしょう。

このような偽善者を見抜くことです。

彼らも信心の正道を悟っていない増上慢な輩であり、憐れな迷える者たちだといえるでしょう。

我慢の苦しみ

忍辱《にんにく》という言葉があります。これは、我慢とは意味がちがうのです。

特に嫁と姑の問題などで互いに相克《そうこく》がある場合、もうしばらく我慢すればと、我慢で過ごす人が多いようです。

最近はお嫁さんのほうが強くなって、姑が、わたしは年寄りだから我慢しなくては、といって余生を送っている場合が多いようです。

我慢というとほとんどの人びとは、あたかも美徳のように錯覚しています。

我慢は、特に日本人の悪いくせかも知れません。我慢の裏を返せば、人の手前があるからとか、他人と比較して見劣りする場合とか、自分の力ではどうにもならない場合とか、その他いろいろあるでしょう。

こうした想念行為は、ほとんどが自己保存であり、心の中に詰め込んでしまいます。心の中に詰め込んでしまったものがはき出されるときには、うらみの心、怒りという感情、欲望という本能などによって、理性を失い、正しい判断が出来なくなってしまうものです。

その結果他人を軽んじてしまうのです。我慢の毒は、怒りの毒をつくる。ある者は欲望に足ることを忘れた毒をつくる。また他人や身近な者までに愚痴という毒をつくり出して、結果は、自分が苦しむことになってしまいます。

見通しのつかない我慢は、心の毒の根元となります。

忍辱とは、どんな侮辱を受けても、耐え忍び、心の中に毒をつくらないということです。

一九七三年一月、神奈川県横浜在住の戦争未亡人のKさんが私の事務所を訪れて来ました。

現在は老舗《しにせ》の女社長であります。

五十五才というのに、あらゆる病気で骨と皮だけのようなKさんでした。

「どんな医者に見ていただいても、私の体はよくなりません」

過去二十八年、我慢の連続だった私をお救い下さい、ということでした。

そのとき、私は、

「Kさん、あなたの病気は、心に毒を食べすぎているからです」

「いえ、私は体の具合が悪いのです。

心が悪いとは思っておりません。

主人が戦死した後は、残された仕事を従業員とともにちゃんとやって参りました。

人さまにもつくして来ましたし、悪いことをしたことはありません。

それなのに、私の体はいつも不調和なのです。神や仏が本当にあったなら、よいことをしたら、体の調子がよくなるのではないでしょうか。

あらゆる神さまへもお参りをしており、先祖さまにも亡き夫にも毎朝供養しています」

と、ちょっと不満そうに、私の顔をじっとにらむのでした。

「Kさんはお姑さんと同居していますね」

「はい、今の仕事は、主人の両親から受けついだものです」

「あなたは、いまだに、うちの嫁、うちの嫁といわれ、大変気をつかって、我慢、我慢をしており、自分の思っていることもいえないのではありませんか。

よい嫁でありたいと思って……。

確かに社長ではあるが、一銭のお金までもお姑さんが握っており、自由にならないのでしょう。

一人娘に対して、小遣いでさえも、母であるあなたから与えられないようですね。

それから、主人の妹さんも、Kさんに対して冷たいようですね。

娘さんのいいなずけにもだいぶ気を使っている……」

Kさんのような人には、意識の中からくずさない限り、信じてはくれないし、かたくなな自己保存から解放することは不可能です。

「いわれてみますと、いつも私は周囲の者に気を使っております。

そうでなくては、私の家は丸くおさまらないのです。

嫁の私が我慢しているからよいのではないでしょうか」

嫁という立場で、自分が我慢すればよいのだということなのです。

この我慢が、苦しみの原因となり、病気から解放されないのです。

私はKさんに、

「あなたほど自分の本心と逆な行動をしている偽善者はありませんね。

あなたはその偽善から、勇気を持って抜け出すことです。

そしてあなたは慈悲魔です。思いやる心はよいが、自分の立場だけを考えて苦しんでいるのです。

慈悲も過ぎれば、魔になるのです。

良薬も適量を超せば毒になるでしょう。

五十五才になっても、お姑さんと、心を割って真実を語り合うことが出来ないということは、自分だけのことしか考えていないからです。

その結果、うちの嫁はいつも半病人だと、お姑さんからもいわれるはずです。

あなたは自分の目や耳で見たこと聞いたことのうち、自分に都合のわるいことは、みな自分の心の中に詰め込み、そのために心が暗く、胃腸を始め他の器官までいためているのです。

もっと自分に素直になり、思っていることと、行なっていることを裸にして、真実な心で生活することです。

片寄らない中道の心で、正しく思い、正しく生活することが大切です。

その結果、見たり聞いたりすることを自分の心の中につめ込むことがなくなるでしょう。

他人からたとえよく思われなくとも、たとえよくいわれなくとも、その原因をよく知り、もし間違っていたなら素直に改めることです。

もし、どう考えてみても自分が正しいのであったら、相手に原因があるのです。

いうことによって争いになるならば、相手にならないで、本当に気の毒な人だ、どうぞ神よこの人が平和な心でありますようにと、祈ってあげる位の寛容さが大事です。

あなたは今まで心の中で、お姑さんをうらみ、怒り、暗い心で生活をしてきました。

それではいつまでたっても病気は治りません。

まず心の曇りを、反省して晴らして下さい。

その結果、肉体も調和されてくるでしょう」

ということでKさんは、特に嫁に来てから今日までの生活について、一週間もかけて、正しい片寄りのない正道を心の物差しとして反省した結果、すっかり体も楽になり、最近では体重も七キロも増えて、今は着る物がなくて困っているようです。

愚痴も忘れたようになくなり、元気になってしまいました。

これが、我慢と忍辱の違いであるということです。

親と子の愛

親と子の断絶――。現代社会のゆがみは、家庭生活の中にも現れて来ました。

私の事務所を訪れて来る人びとの多くは夫婦の不調和、親子の断絶による相克《そうこく》に悩まされています。

特にノイローゼの場合、夫婦の不調和により、子供の教育に無関心で夫婦げんかのうさを子供に向け、小さい頃から子供の心に傷をつけてしまい、子供は広い豊かな心を忘れて内向性になり、十五才から二十代の間に自閉症になってしまいます。

自閉症からウツ病に変わってしまうのも、心の中の、怒りの度合によって異なって来ることがわかります。

子供の心が不安定になってから、親が子供の機嫌をとるようになっても、もはや遅いのです。

逆に両親の夢を子供にたくして、勉強、勉強の詰め込み教育で、情緒不安定になって、自閉症になったり、ウツ病になる子供も非常に多いのです。

いずれも両親のエゴによって、子供の気持を理解することなく、愛情不足や、愛情過多に、その原因があるのです。

むしろ、心因性ノイローゼとでもいえるでしょう。

また、心の中の不調和な曇りを、正しい反省によって除くことなく瞑想をしている間に、心不在になり、地獄霊に忍び込まれ、彼らに支配されてしまう場合もソウウツ病の原因になっています。

しかし、ノイローゼの場合、ほとんど百パーセント、地獄の霊たちに支配されているといえます。

彼らのほとんとが両親をうらみ、他人をうらみ、決して自分のせいだということを認めません。

思っていること行っていることに自信がなく、いうこととやることが、コロコロと変わってしまいます。

しかも夜中になると元気になり、地獄霊たちに支配されてほとんど眠れなくなってしまいます。

地獄霊のいうことを信ずるようになると、両親や身内の者、友人などのいうことをまったく信じなくなってしまうものです。

なぜならば、地獄霊たちは、俺は神だとか、稲荷大明神だとか、その人の心の中にある神仏に関係ある名前をいって信用させ、ほかの人びとのいうことを信じさせないようにしてしまうからです。

「あそこへ行くな、ここへ行け」と地獄霊たちにいわれると、その通りの行動をしてしまうために、普通、ノーマルな人びとが見ていると、常軌をいっした言葉や、行動を、平気でやるのです。

さらに進むと、人格がすっかり変わってしまいます。

肉体舟は変わらないが、それを支配するのは本人でなくて地獄霊だからです。

彼らに支配されてしまうと、体もがたがたになってゆきます。

しかし人間はいっとき、自分に戻っている時間もあるのです。

そのときに、正しい心のあり方を教え、地獄霊との交渉をしゃ断するほかにないのです。

地獄霊はいつも憑きっぱなしにはなれないからです。

彼らも苦しいのです。

これを救う道は、家庭にいる、残された者たちが、正道を実践して家の中を光明に満たし、心から平和な環境をつくり出す以外にはないでしょう。

精神病の患者の心の中に自己を取り戻すためには、明るい環境が必要だということです。

夜眠れない者たちは、心の中のイライラを除くためにも一時安定剤などで肉体舟の休養が必要です。

また、家の建ててある場所が墓跡であったとか、神社仏閣の跡につくられたような場合も、自縛霊によって家庭が混乱される場合が多いといえます。

混乱される側も、正しい心の持主ではありません。

地獄霊たちと同じ心に通じている、ということです。

ノイローゼをなおすためには、自分自身の自覚以外にないといえましょう。

薬はいっときの安定剤であり、自分を取り戻した片寄りのない想念と行為によって、自力で暗い地獄界からはい上がることが、最も大事だといえるでしょう。

地獄霊のいうことは信じてはいけません。

彼らは「もしお前が私のことを信じなければ死ぬだろう」と脅迫するでしょう。

そして、いくつかの予言もするでしょう。

その予言が当たるのではないか、と恐れます。

こうして人間は彼らを信じていってしまいます。

そうなると地獄霊の思うつぼにはまり、廃人同様の人生を送るということになるでしょう。

彼らは言葉巧みなために、ついだまされてしまいがちになるのです。

たいてい、人間の欲望を満たすための啓示をいろいろとならべてくるからです。

そして、善なる人びとの団結をくずそうと試みます。

しかし、正しい心の物差しで判断して生活している善なる人びとは、迷わされたり、心に毒を食べることはないでしょう。

彼ら地獄霊は増上慢で、私こそ正しいのだと自信ありげに他人に告げます。

しかし、心の中は矛盾にみちており、虚栄心だけが彼らの心の支えになっています。

彼らこそ、救われたいことを望んでいる悪魔たちなのです。

こうして、地獄の悪魔たちから自分を守るためには、毎日の生活を、八正道を心の物差しとして正しく判断し、常に心を調和させた生活を送る以外にない、ということです。

第二章　八正道と中道

心は一念三千、さまざまに変化する。

運命は心という想念行為がつくり、今のあなたを生かしている。善を生かすかどうかはあなた自身にかかっている。

八正道——その意味と解釈

八正道こそ中道の道

仏教の言葉の中に、苦集滅道というのがあります。これはどういう意味かと申しますと、苦とは生老病死を指し、集とは、その原因、滅とはその原因を滅すること、そうしてそれには道を行ずる、つまり中道であり、八正道を行ずる以外にない、ということをいっています。

集である原因とは何かといえば、日常生活において人を非難したり、愚痴ったり、そしったり、あるいは自我我欲におぼれ、人を人とみない我執の虜となること、人間として中道の道を失うことをいいます。

地位や名誉が高くなりますと、つい人を見下したり、俺は偉いのだ、といった気分になります。お金があると、たいていのことは自由になりますから、ぜいたくをする。二号、三号さんを囲うようにもなります。

その反対に、下積みの生活が続きますと、みんな自分に敵対しているようにみえてきて、あいつが悪い、こいつが面白くないといって人を呪《のろ》ったり、自分をいじめたりして、小さな自分をつくりあげてしまいます。

このように、金がありすぎても、なくても、地位が高すぎても、低すぎても、とにかく、人間は、その生活環境が右によっても、左に片寄っても、それに、心まで動かされてしまいがちです。

そこで、何事も腹八分のたとえのように、中道を歩むことが大切なのです。

しかし、ここで間違えては困ることは、中道とは地位が高いからよくない、貧乏だから心が貧しいということではありません。地位が高いのは、それだけ、その人の努力の結果であり、貧乏といっても、それはその人にたいして、天がある修行を命じている場合もあるのです。ですから、自分の環境が、現在たとえその両極端におかれていたとしても、自分は中道を歩いていない、俺はダメだ、というように悲観する必要はさらさらありません。

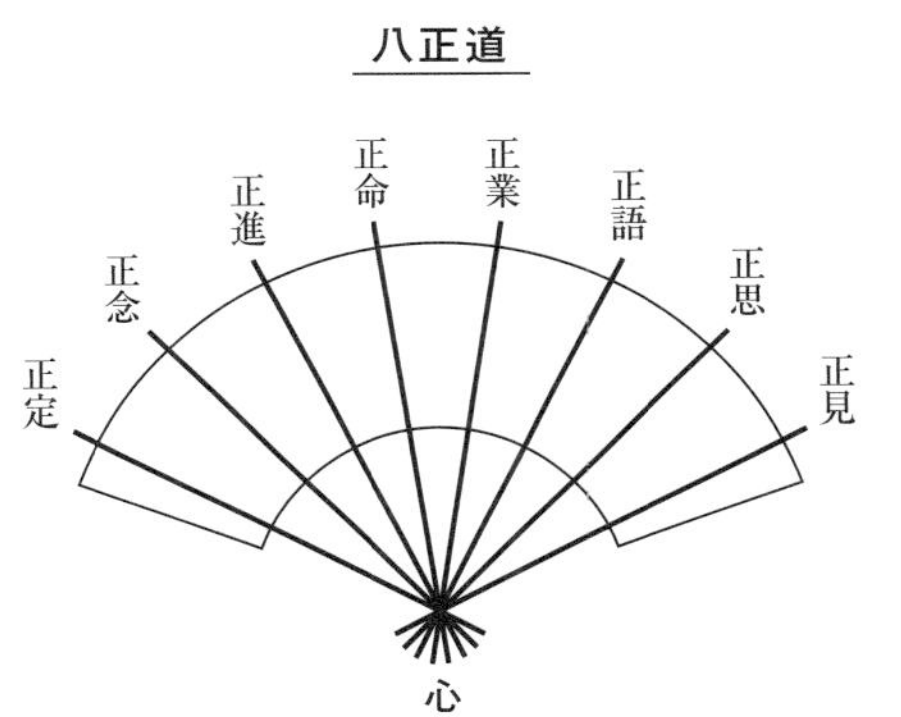

己の心を信じ、神仏の心を心とする反省の生活の実践

八正道は八つの規範に分かれていますが、
その一つ一つは、すべて己の心に問う、聞くことが大事です。
ですから扇の要を心としたのです。

中道を歩むということ、その本来の意味は、人間はとかく、眼や耳や鼻、あるいは舌や身、意（自己保存）に左右されがちなので、こういうものに、心を動かされるな、ということなのです。

話は前に戻りますが、苦の原因は、そのように、増上慢や自己卑下、自我我欲、愚痴ったり、そしったりして、自分自身の心を縛ってしまうところにあります。こうした状態がいつまでも続くと、自分の意識まで腐らせてしまい、それはそのまま地獄界に通じてしまうということをいっているのです。

地獄は、自分を見失った世界です。自己を滅した世界です。なぜかといいますと、人間は、本来、神の子、仏の子であり、その住む世界は光輝く、調和された天上界であるからです。その神の子、仏の子が、暗い、陰惨な、火炎地獄や阿修羅界、餓鬼界に堕ちるということは、心の神性、仏性を傷つけ、自己を滅したことになるわけです。

地獄界に堕ちますと、その苦しみから、なかなか抜けられず、何十年、何百年という長い間、そこにとどまることが多いのです。

そこで、これではいけない、人間は、人間らしく、神の子、仏の子として、その神性を保ってゆかなければいけない、そして、神仏の理想とされているこの世の理想社会、つまり、仏国土、ユートピアの世界をつくりあげていかなければいけない、というわけなのです。

それには、各人が、神の子、仏の子としての自覚、つまり、こうした苦の原因である五官に左右されず、仏教でいう悟りを得ることが大切であるというのです。

そこで、苦集滅のあとに、道という言葉が出てまいります。つまり、苦界からぬけ出し、己自身を救うには、さきほどの中道の道を歩むしか、人間には救いがないといっているわけなのです。

それが、かつてインドで説かれた釈迦のいう八正道です。

八正道は、人間をして、中道を歩ませる規範であります。天国につながるかけ橋です。左にかたよらず、右に曲らぬ中道への道、つまり、神性、仏性への道、正覚への道なのです。

すなわち、一、正しく見ること、一、正しく思うこと、一、正しく語ること、一、正しく仕事をなすこと、一、正しく生活すること、一、正しく道に精進すること、一、正しく念ずること、一、正しく定に入ること、の八つです。

この八つの規範の一つが欠けても、中道の道は歩めないし、正覚を得ることも、不可能であると説いています。また、これ以上であってもいけない。たとえば、戒を守れとか、瞑想のみの生活を送れとか、苦行せよ、といったようなものです。

それは、釈迦自身が、いろいろな経験を通して得た中道への道は、八正道以外にないと悟ったのであり、八正道こそ、神理につながり、この世に人間が生存するかぎり、その神理は生き続けていくものであるからなのです。

もしも、釈迦の説いた八正道が、一つでも欠けたり、一つでも、二つでも多くあったとすれば、二千五百有余年にわたる仏教の歴史は、今日以上に大きな変化が、あるいはその教えはある地域の人びとのみにとどまっていたかも知れません。

それでは、その八つの規範、八正道について一つ一つ、解説を試みてみましょう。

正見（正しく見ること）

ものを正しく見るには、まず、自己の立場を捨て第三者の立場でモノを眺めることです。私たちは普通、他人の問題については比較的正確な判断が下せます。ところが、自分の問題となり、利害関係が伴ってくると、是非の判断がつかなくなり、しばしば悔いが残るような結果になるようです。

これは、自分の問題になると、知らぬ間に自己保存が働き、我欲に左右されるからです。正しい判断、正しい見方は、自分を切り離し、いわば第三者の立場でモノを見ることから始まるのです。

そうしてやがてその見方は、心の内面にまで掘り下げられ、これまで正しいと思ったことが、まったく反対であったことがわかります。

たとえば、つい百年前、二百年前まで親の仇討ちは正しいものとされました。仇討ちと聞くと、武士も、町人も、百姓も、その仇討ちに加勢したものです。

現代では仇討ちは人殺しになり、殺人罪に問われます。百年前より、ものの見方が前進したといえましょう。

なぜ仇討ちはいけないか。殺人は神の理に反するからです。

神の理は地上の調和であり、人びとの目的は、調和の中に生かされているからです。

殺人の繰り返しは、不調和を助長します。つまり、作用反作用の振り子は、いつまでたっても止まることがないからです。

今日、個人間のこうした問題は、国が裁いています。ところが国と国の問題になると、調停や、裁くものがないために、戦争にまで発展してしまいます。

第四次中東戦争は、昔の個人間の仇討ちにも似た怨念戦争であり、争いは、怨念が消えるまで半永久的に続くでしょう。

戦争が絶えないということは不幸です。多くの人命が失われ、一家は離散します。

なぜこうなるのでしょうか。戦争や争いというものは、自分のこと、自国の問題となると、自己保存が働き、自分を守ろう、相手はどうでも自分さえよければ、という考え、見方に傾いてしまうからです。

正見の尺度は神の心なのです。その出発点は第三者の立場で、自分を見、相手をながめることです。

現象の姿だけをとらえて判断を下しては、間違いのモトになります。

現象の奥にかくされた原因を見きわめ、そうして、その原因を取り除く努力が必要なのです。

原因を見出すには反省しかありません。客観的立場に立った反省を通して、その原因をつかみ、捨て去ることです。

正しい見方は、やがて正しい見解をつくってゆくでしょう。そうすると、この現れの世界の、めまぐるしい動きに、いちいち私たちの心を振り回されることがなく、心をいつも平静にしていられるでしょう。

この現象界で起こった、あるいは起こりつつある現象は、すべて原因があって結果として現れてくるものですから、正しい見方が養われてくるにしたがって、現象の奥にかくされた原因をつかむことが容易になるでしょう。

正しい見方は、こうした心の眼を養うことによって高められ、やがて、神の心につながっていくものです。

正思（正しく思うこと）

思うとは、考えることです。見る、聞く、語る、の行為の中には、正しい中道の神理をもとにした考えがなくてはなりません。自己本位の考え方は身を滅ぼします。すべては相互に作用し、循環の法にしたがっているため、自己保存の想念は自分に返ってくるからです。

思う、考えることは、行為につながりますから不調和な思いは、想念のフィルムに抵抗をつくり、その抵抗は、自分の意識や脳細胞までも狂わせてしまいます。

私たちは、毎日の生活の中で、自分だけよく思われよう、楽をしようと考え、他人のことを考えなかったりしますが、これは自己保存の我欲につながっていることを知るべきです。

自己主張も自分にもどるのです。競争相手を蹴落とそうなどという思いは、あの山彦に似て、己に返ってきます。「馬鹿野郎」といえば、山彦もまた「馬鹿野郎」と、自分の声で返ってきます。

思う、考えることは、創造行為でもあり、自己の運命をよくしたいと思うなら、まず、正しく思うことをしなければなりません。

不調和な思いを持てば、黒い想念の抵抗を自らつくり、苦しみを多くするだけです。相手を陥れて不幸にしようと思う心は、自分の落ち込む穴を掘っているようなもの。「策士、策におぼれる」の類であり、「人を呪わば穴二つ」であります。

また情欲の連想は、心の中で、行為につながります。夢とかあの世の生活では、思ったこと、考えたことが、その結果として、ただちに現れます。現象界においても、心の中で思ったことは、形に現れずにはおかないものです。思うことは行為の前提であるが、実は、行為そのものである、ということを知らなくてはなりません。

昔から姑と嫁の争いを聞きます。姑が嫁にきびしいことをいうと、嫁はたび重なる叱言に心から嫌な姑だ、早く死んでしまえばよいと思うようになってきて、そうなると心の黒い想念は現象化され、表面は姑に合わせ、口ではうまいことをいっても、嫁の心にひびくものは、姑に対する憎しみとなり、やがて爆発し、争いになってきます。

子でない、親でないという、お互いのそうした感情が、姑と嫁の関係をいっそう面倒にしています。それというのも、双方の腹の底で、たがいに、よく思われたい、思う通りに家の中をしてゆきたいという自己保存から抜け切れないために、諸々の問題を引き起こしてしまうのです。

正思の重要なことは、正見と同じように、第三者の立場に立って考え、思うことなのです。

相手の立場、相手の幸せを考え、調和を目的とした思いが大事なのです。

誤解や行き過ぎはあらためればいい。話し合って、理解し合うということが調和の大きな前提なのです。

話し合ってもうまくゆかず、自分の非がどうしても認められない場合は、相手のために祈ってやる広い心が必要です。

正道の目的は〝心の安らぎ〟であり、心の中が、思いが、いつも不安でジメジメしていてはなんにもなりません。

相手に通じなければ、広い心で相手を包んでやることです。

もう一つ大事なことは、我慢と忍辱です。この両者は似ているようで大いにちがいます。我慢とは苦しみ、悲しみを腹の中につめこむことです。自分さえ我慢すれば家の中がまるく収まる、として我慢に我慢を重ねてしまう。我慢は病気をつくります。

忍辱とは、耐え忍ぶことですが、苦しいことを腹につめこまない、話しても相手がわからなければ、相手の心の安らぎを、調和を神に祈るという、広く、高い心をいうのです。

私たちは忍辱を学び、我慢を捨てることです。

正思を養うには、これまた反省です。今日一日の考え、思いは正しかったか、正しくなかったかを反省し、過失があれば訂正してゆくことです。

こうしてやがて、中道に適った正思を、心の中に確立することが出来ます。

正語（正しく語ること）

言葉は言魂といって、相手に伝わります。ですから表現された私たちの言葉は、相手の耳を通して不調和か、調和か、いずれかの現象を生じさせるものです。

言魂とは、光と音の波動を意味します。

私たちの心、肉体は光から出来ています。音の波動も、また、光の波として空間に振動して行きます。

心からの言葉は、そのまま、光の波動となって伝わってゆきますが、すぎたお世辞や、横暴な語り方は、光の波動に黒い塊りを付着させているため、相手の心を傷つけます。傷つけた結果は、自分にはねかえってくるのです。

ですから、言葉は、素直な心で、相手の心になって語り合うことが大切です。語調の強い言葉は、相手の心に不調和を与えるだけです。

売り言葉に買い言葉で、町中や電車の中で口論している人がよくあります。たがいに、黒い塊りを発散させ、それを食べ合っている。心に黒い塊りをつくり出し、拡大させています。こうしたことを年中やっていますと、病気や怪我をします。心がいつも不安定になっているからです。

相手が怒鳴っても、決して反発をしてはいけません。反発は自己保存であり、反発する前に、自分を第三者の立場で見、考えてから結論を出しても遅くはないからです。怒った心は怒った人の心に返ってゆくものであり、これに心を動かしてはなりません。第三者の立場に立って反省し、いわれなきものであれば「哀れな人だ」と相手を思いやればよいのです。そして、「神よ、あの人の心に安らぎを与えてください」と祈ることです。

言葉は自分と相手の意志の交流です。

それだけに、常に調和ある言葉を心掛け、調和ある対人関係をつくるようにしなければなりません。

言葉は、人によって受け取り方がちがって来ます。お年寄りに英語を交えたり、若い人に古い話を持ち出し、長々と語られると戸惑ってしまいます。

「人を見て法を説け」なのです。

正業（正しく仕事をすること）

私たちのこの地上での目的は、魂を磨くことと、仏国土ユートピアをつくることです。

正業とは、この目的に適ったものでなければなりません。

感謝と奉仕、そして、より大きく、豊かな心と魂をつくる場が仕事のはずです。

こう考えますと、正業の在り方はまず心を豊かにすることにあり、仕事は己の魂の経験の範囲を広げてゆくことになります。

ペテロはイエス・キリストの第一の弟子として後世に名を遺しましたが、そのペテロは、当時は漁師でありました。学問に縁が薄かったために、伝道には随分と苦労しました。そこで今世は学問をみっちりと学び、魂の経験を広げてゆこうと、今世は学者の道を志したのです。

元東大総長の故矢内原忠雄氏が、かつてのペテロであったのです。

こういうと人はそんなバカなと、いうかも知れませんが、同氏が書き遺した「イエス伝」を見れば、当時の経験がなければ書けないような個所が随所に見られます。

このほか現代の著名人の中には歴史上に名をつらねた人がおり、あの人がこんな仕事を、という例が非常に多い。

普通は前世の職業が今世につながっている人もありますが、百八十度ちがった職業を持って今世を送る人も多いのです。

このように職業を通して、己の魂の経験をより豊かにし、広い心を養うことが正業の第一の目的なのです。

第二の在り方は、職業を通して、人びととの調和をはかることです。自分を含め、人びとの生活を守ってゆくことにあります。

南方の原住民のように、一から十まで自給自足をする時代は過ぎました。しかし原住民でさえ、男女の役割が決まっており、男は狩りに、女は子供と食事の用意をするように、やはりそれぞれの分担があるようです。何もかも一人で生きることは、事実上不可能ですし、社会生活という永続性を持った生活は一人では期待できません。それぞれが持ち場を守り、その分を果たすことによって自分も生かされ、他をも生かすことになるのです。

職業に就くということは、自分を生かすばかりか、他の人びととの協同生活に欠かせない役割なのです。

私たちの肉体の機能を見ても、心臓は心臓として、胃腸は胃腸の働きを果たすことによって体は維持されます。心臓や胃腸が勝手に動き、持場を放棄すれば、私たちの肉体は一日として保つことは出来ません。

職業とはこのように、自分を生かし、他をも生かす大事な場です。

第三の在り方は、奉仕です。

私たちが健康で働ける環境にあるということは、自分を生かし、さらに他をも生かす原動力となるものです。

職業の第一の目的が魂の経験の範囲を広げてゆくことにあれば、健康で働けることは神の偉大な慈悲があるからであり、感謝と報恩の行為こそ正業の第三の在り方のはずです。

こうみてまいりますと、職業の在り方、仕事の目的がハッキリしてきたと思います。ところが現実はどうでしょうか。利益のためなら人を押しのけても無理押しする。公害が出ようが、人が苦しもうが、最少の費用で最大の利益を上げる、それが企業目的になっています。

消費は最大の美徳とかいって、地球資源の乱獲に狂奔し、将来の人類の生存のことなどあまり考えずに、儲かればいい、自分さえよければよいというのがこれまでの企業精神のようでした。

さらには労使の争い。労働者も人の子、食えるだけよこせと経営者に迫る。賃金と物価はニワトリ・卵の論議のごとく、年々エスカレートし、労働者の生活福祉を目的とした組合運動は、ここへ来てようやく反省期に入ろうとしています。

経営者と労働者の対立は、やがて経済全体のバランスを失う要因をはらんでいます。

企業エゴ、個人エゴが正業からみた場合、いかに人類全体の破壊行為につながるか、魂の前進にブレーキをかけているかが、これで明らかになるでしょう。

物を主体にしたものの考え方は、必ず破壊につながってゆきます。

心を中心とした物心両面の考え方こそ、私たち人類の調和の基礎でなければなりませんし、人類が永遠の平和を望みたいならば、ウソのいえないその心を大事にし、その心をもとにした生活が大事なのです。

正命（正しく生活すること）

正命とは文字通り、正しく生活することです。正しい生活を送るには、まず自身の業（カルマ）の修正、短所を改めることです。

人間は誰しも、長所と短所の両面を持っています。長所と短所というものは、光と影のようなもので、性格が片寄ったときに、長所が短所になり、短所が長所に変化します。信長は非常に気短かな男だったようです。しかしその短気が決断となって現れたときは、神出鬼没の戦術に変化し、戦国の世を生き抜く絶大なエネルギーになったようです。

このたとえはあまり感心しませんが、長所と短所というものは紙一重であり、それは紙の表と裏のようなものといえるでしょう。

そうした紙一重の性格をどうすれば長所に変えることが出来るか、あるいは長所とは何か、短所とはどういうものか、となりますと、短所は自分の心をさわがし、人の心をも傷つけるものであり、長所は、自他ともに調和をもたらす性格といえるでしょう。

長所を伸ばし、欠点を修正することによって、自身の想念と行為はもとより、自分の周囲を明るく導くことができるでしょう。

私たちのこの世の目的は、この地上に仏国土・ユートピアをつくることです。それには正しい生活を営まねばなりません。正しい生活は、まず自分自身の調和からはじめねばなりません。自身が調和を保たなければ、自分の周囲も調和に導くことは出来ません。

欠点を修正するにはどうするか。それには第三者の立場から、自分の心を、毎日の思うこと考えること、行為を、反省することです。

正進（正しく道に精進すること）

私たちの人生は、いくら長生きしても八十年か九十年、その短い一生を目先の利益のために過ごしてしまうことは惜しいかぎりです。意識の一〇％しか働かないとすればそれも仕方ないかもしれませんが、しかしそうした環境だからこそ修行が出来るといえます。何もかもわかったならば、この世に生まれた意義はありません。

正進の目的は、対人関係と地上の環境を整備し、調和させることです。

人は単独では生きられないし、また生まれてもきません。必ず両親がおり、そして兄弟姉妹、夫婦、隣人、友人、先輩、後輩というように、そうした環境の中で生活しています。

そして、そうした関係の中で、己自身の心が練磨され、尊重し合う心がつくられてゆくのです。

最近のように物質オンリーの風潮が強くなりますと、親子でも心は他人であり、夫婦は享楽の手段としか考えぬ人も出てきます。友人は利益追求の手段であり、自分以外はすべて他人というようになってきます。恐ろしいかぎりです。

親子といえども魂はちがいますが、しかし、自分を生み、育て、今この世に在るということは、両親の賜です。もし、その両親があの世（出生する前に親子の約束を交わす）の約束を果たさず、放蕩したり、あるいは胎児をおろしたりするようなことがあれば、話は別ですが、そうでなければ、この世に生まれ、魂の修行の機会を与えてくれた両親を安心させるような自分自身に成長することが、人の道に適った生き方でしょう。

夫婦にしても、大抵は前世で夫婦であるという場合が多く、そうだとすれば互いに助け合う、愛の環境をつくることが大事なのです。

兄弟姉妹、友人、隣人にしても、それぞれが助け合い、補い合い、話し合える愛の行為が出来るよう励むことが、人の道です。

正進の目的は、人の道、神の道を具現してゆくことです。

第二の目的は、私たちの共同生活が末長く続けられるように、動物、植物、鉱物資源を整備し活用してゆくことです。

私たちの生活は、こうした動・植・鉱物の資源を活用しなければ生きてゆけません。そのため、こうした資源が循環の法則にそうように、大切に保存しながら、そして、それらを生活の上に活用してゆくことです。

神は私たちが平穏に生活できるよう、大地と、資源と、生きる環境とを与えてくれました。これを、半永久的に保存し、活用してゆくためには、私たちは、資源の再生産が常に可能になるよう、それらを大切に扱ってゆかねばなりません。

つい最近まで、鳥や獣《けもの》を見ると勝手放題に殺してしまっていました。必要なものなら許されますが、面白半分に動物を殺傷することは、植物資源の枯渇にも影響してきます。

石油や石炭も今日のように使い放題、掘り放題にしてゆきますと、これに代わる動力資源が出来る前に、ガスや電気はとまり、再び原始時代がやってくるでしょう。

こうした自然の資源は大切に活用し、科学の進歩と歩調を合わせて使ってゆかなければいけないものです。

資源を大切にする、ものを大切にすることも、道に適った生き方なのです。

私たちは常に反省し、行き過ぎや怠惰にならないよう、自戒してゆかなければなりません。

正念（正しく念ずること）

念とは、思い願う、エネルギーのことです。

あれが欲しい、これが得たい。あの人と結婚したい、こういう仕事をしたい……、というように。

つまり、念には常に目的意識が内在されています。

目的のない人生は、漂流した船が大洋にさまよっているようなものです。

思うこと、願うことは誰しも抱くものであり、そしてそれは自由ですが、足もとをみつめた目的をもつことが大切です。

正念の在り方は、調和にあります。就職、結婚、育児、仕事、諸事全般にわたって、常に己を知り、その目的が、神の心である調和、愛の行為に適ったものであるかどうかを、正しく見ることです。

適ったものであれば、それに向かって努力することです。

念を抱くと、たいていの場合、それに応じたものが返ってきます。

念は、物を引き寄せるエネルギーを持っているからです。

しかし、不相応な願いや、しっとや、憎しみ、足ることを知らぬ欲望を抱くと、目的が適う前に反動がやって来ます。

念はエネルギーであり、そのエネルギーは、必ず自分自身に返ってくるので、正しい目的ならばいいが、そうでないと大変なことになります。

念は魔術師です。

科学が未発達の時代には、祈りや念によって、敵を倒すということが行なわれました。

事実、そうしたことが流行したものです。

念の力で大石を空中に持ち上げ、大木をたおす。風を呼び、雨を降らせるといったような術が行なわれていたようですが、こうしたことは本来、邪道です。しかし、人間の中にたくわえられたエネルギーは、大きな山を動かすことも可能ですし、それは神が大宇宙を創造されたように、人間もまたそうしたことが出来るように仕組まれています。

それほど人間は偉大なのですが、反面、邪の道に念力を使うと地獄に堕ちるしかありません。私たちは常に、念を正しく使うことが大切であり、そうしたときに、守護・指導霊が力を貸し、より偉大な、平和な仕事が成就できるようになるのです。

正定（正しく定に入ること）

正定の在り方は、日常生活における正しい想念で生活が行なえることを意味します。

つまり、八正道の神理に適った生活行為なのです。

それにはまず、八正道の正見、正思、正語、正業、正命、正進、正念について、反省をすることから始まります。

今日一日をふりかえり、八正道の正しさに反した想念と行為がなかったかどうか。あったとしたら、どこに、なぜ……というように、静かに反省し、思念と行為について検討することです。そして、正道に反したことは、神に詫び、明日からは、二度と再び同じ過失を繰り返さないよう努力することです。

こうして、日常生活が神理に適った生活行為が出来るように、毎日の努力をつみ重ねてゆくことです。

正定は、反省から始まり、そうして、神の心である調和の心と自分の心が一体になることです。しかもそうした神の心を、日常の生活の中に具現出来るようになることなのです。

つまり、正定の第一歩は、禅定という反省的瞑想から始まり、やがて、守護・指導霊との対話となり、菩薩の心である慈悲と愛の行為が出来るようになることが第一の目的。

第二の目的は、禅定の心が、そのまま日常生活に生かされてゆくことです。

禅定は、日常生活をより豊かに、自己の心がより大きく、広く、神理に適った生活が出来るようになるためのものですから、禅定のための禅定、つまり、反省のための反省では、本当の反省にはならない、ということです。

一日中禅定しているわけにはゆきません。私たちは仕事を持ち、家庭を持ち、そして、社会の一員として生活してゆくのですから、禅定は、一日のうちの一部であり、一日の活動の動力源としなければなりません。

そうした意味から、正定の在り方は、禅定そのものではなく、反省そのものでもなく、一日の生活行為が八正道に適ったものでなければならないわけです。

こうして、私たちは、正定を日常生活のものとすることによって、はじめて、如心《にょしん》という段階に到達します。

如心とは、己の心がある程度理解できたことであり、それはまた相手の心をも見通せる能力を備えた状態をいいます。

普通は、人の心とか、性格というものは長いこと交際してみないとわからないものです。あの男とは二十年もつき合ってきたが、あんな男とは知らなかった、という話をしばしば耳にします。

ところが、如心の心を体得すると、未知の相手でも、名前さえわかれば、その人の意識の程度、性格、生活態度がわかってしまうのです。

同時にまた、日常生活が安心して送れるようになります。

こういうように、八正道の功徳というものは、普通では考えられないようなすばらしいものがあるわけです。

八正道は行ずること

私たちが現在ここに在るということは、肉体的先祖と両親のおかげであり、両親に孝養をつくすことは当然なことです。この世の修行と、あの世の修行を比べると、この世の修行の方が、ずっと楽です。あの世は波動の精妙な世界です。思ったこと、考えたことがすぐさまハネ返ってくる。このため、次元が低いと、なかなか反省できにくく、苦界から脱け出すことがむずかしいのです。ところが、この世は波動が荒いために、思ったことに対する結果が現れるまでに、ある一定の時間が与えられています。従って、結果が出ない間に、これはいけないと反省すれば、そのことにたいする訂正が可能になってくるのです。

もっとも反面、その出される結果が遅いために、人によってはイライラすることもありましょうが、波動が荒いだけに修行はしやすいともいえるわけです。

この世の十年は、あの世の五十年、八十年に匹敵します。それほど、この世の修行は楽であり、しかも、この世の修行の結果が、再びあの世に戻ったときの自分の生活状況を決定しますから、両親にたいする感謝、孝養は当然であるとしなければなりません。

各人の魂（意識・心）は、このように両親から与えられた肉体という舟に乗り、人生航路に船出します。魂そのものは、過去世、あるいは、あの世の生活を体験してきており、肉体に乗る以前の魂にも個性的傾向があります。これを魂の先天的因果といいます。

肉体という舟に乗った魂は、当初一〇％の意識しか目覚めていませんから、この世の目的が判然としません。そのために、これまでの大多数の人びとは、五官に左右され、自我我欲におぼれてしまう場合が多かったのです。

八正道は、こうした各人の一〇％の意識にたいして、残りの九〇％の潜在意識、つまり、各人の過去世、あの世の生活の記録を思い出させ、人間としての目的にめざめさせます。それは、釈迦の長い苦行の結果であり、八正道を日々行ずることによって、悟りへの道が開ける、と教えているのです。祈ることでも、お経をあげることでもありません。祈りとは感謝の心であり、感謝の心が湧いてくれば、次にくるものは形の上に現すことです。行ずることです。お経は行ずることを説いています。八正道は行ずることです。新約聖書ヤコブの手紙にも「汝《なんじ》信仰あり、我行為あり、汝の行為なき信仰を我に示せ、我わが行為によりて信仰を汝に示さん」と。

イエスも、いくら信仰があっても、祈っても、行為がなければなんにもならないといっています。

かくて、八正道を行ずることによって、己の心が神仏の心に調和され、調和された心は、それがそのまま、この世の天国、仏国土を完成させるものであるといっているわけです。

生命の転生輪廻は自然の法則でありますが、しかし、八正道を行ずることによって、やがて、輪廻の緊縛《きんばく》から遠離《おんり》した、正覚を得ることが出来ます。

第三章　人間の精神構造とその機能

すべてのものは正しき循環の秩序のもとにある。魂も転生輪廻の法にしたがい永遠に生きつづける不滅の生命だ。この法をはずすと混乱と苦悩を生む。

心の実相

既成観念を白紙に

人間が神の子、仏の子であるという説明は、これまで、いろいろな人が説いてきました。しかし、その内容は哲学であり、学問であり、先入の観念を、そのまま受けつぐ、といったものであったりして、実のないものがほとんどでありました。

そこで、こうした既成観念から離れて、釈迦のいう人間、正法とは具体的にどういうものか。また、イエス・キリストの愛の精神とはいったいいかなるものをいうのであろうか。そうして、人間がそれを知ったときには、どう生活の上に行じるべきかを、まったく新しい視野のもとに論をおこしたものが、次に述べる人間の精神構造の種々相であります。

それゆえに、既成の学問、観念とは内容的に非常に異なっておりますが、一字一句を吟味されれば、そのいわんとするところ、その真意については、きっとご理解いただけるものと確信いたします。そうした意味で、これを読まれる方々は、既成観念を白紙に戻し、その上で、本論を素直に検討していただきたいと願うものです。

精神

通常、精神とは、人の心、人格、あるいは、その人の魂のようにいわれ、漠然としています。ここでいう精神とは、神仏の精、心、魂の三つを包括して、精神と呼びます。

そこで神仏の精についてまず説明しますと、それは、神仏そのもの、エネルギーそれ自体、慈悲と愛そのもの、ということになります。人間は、誰しも、神仏の精を内蔵し、自分自身の心をつくり、魂を形成しています。神仏の精、エネルギーそのものがあればこそ、万物の霊長として、人間それ自身を成立させているわけです。いうなれば意識の中心点です。

人間以外の動物、植物、鉱物の場合は、地上世界の調和のための媒体として、生かされています。つまり、エネルギーの補給をうけている。ところが人間は自ら生きている生命体であります。生きている理由、生かされているものとの相違は、一切の事象を認知する能力、大宇宙と己との一体感、これです。動物その他については、その能力を求めても、求められるものではありません。

次に、神仏の精を受ける受け場、器が、各人の心です。心は各人の意識の中心をなしています。そしてこの心こそが、神仏の命をうけて、それぞれの目的、使命を担っているところです。心そのものは、エネルギーの受け場、慈悲と愛の織りなす光体そのものの場であり、私たちが日常生活において、心に問う、心にきく反省の相手は、意識の中心にあるところの、この心です。

心は器である以上、大きい、小さい、深浅の差があります。その差というものは、その人の人格、能力とは関係ありません。人間は神仏の前ではすべて平等、自由が与えられているのですが、心の大小は、その人の役目なり、使命が、それぞれちがうということです。

人体には、頭、胴、手、足があるように、人間それぞれにも、神仏から命じられた役割があるのです。太陽系にも、太陽が中心にあって九つの惑星、三十二の衛星が運動し

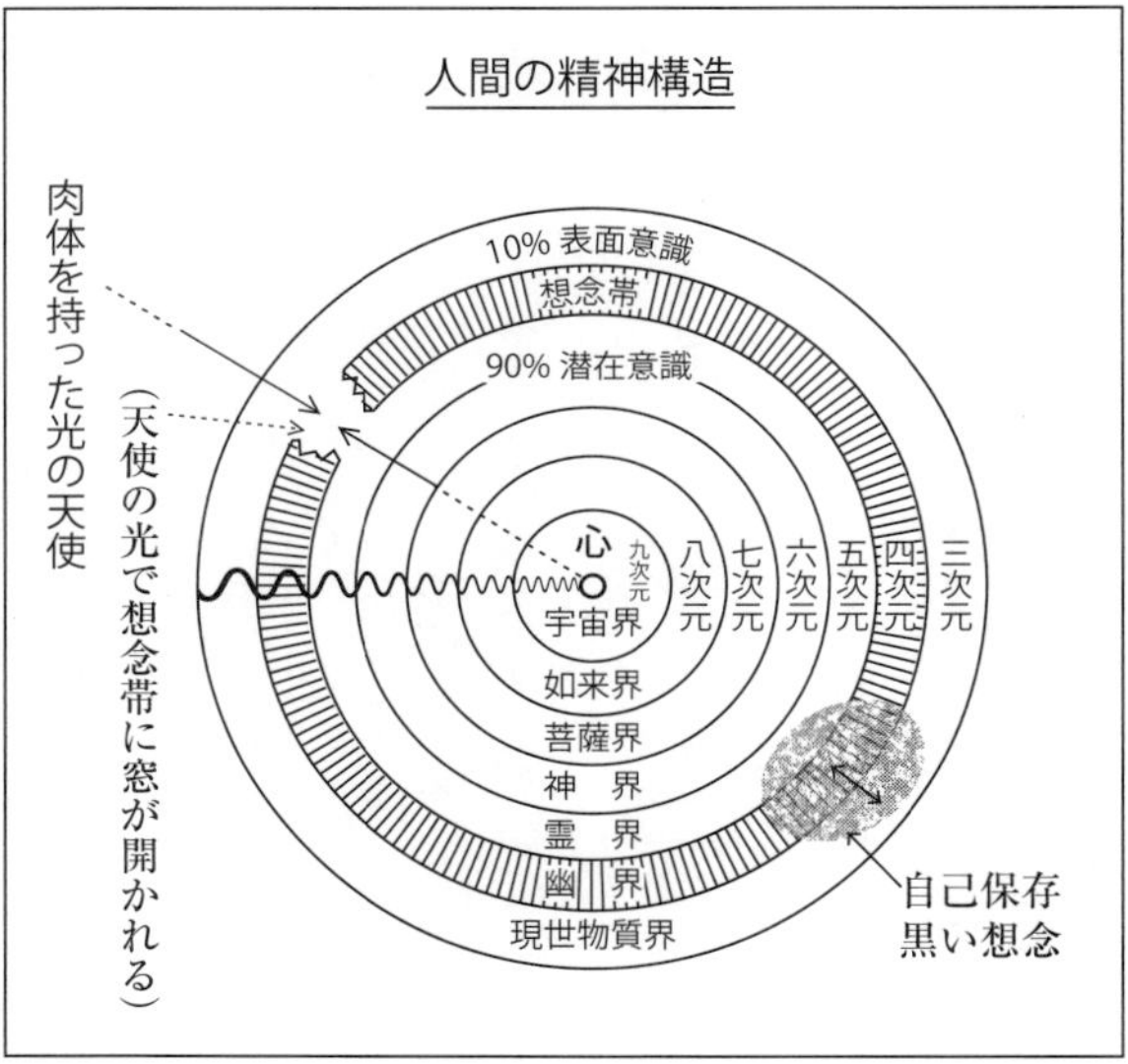

人間の精神構造

ています。地球には地球の使命、月には月の役目があり、地球が太陽になったり、月が地球になれないように、おのずと決められているのです。

一国の社会でも、政治家、実業家、商人、学者、新聞記者、弁護士、技術者など、それぞれの職業があって、一社会を構成しています。これと同じです。しかし現実は、職業なり立場が、そのまま本人を表現しているとはいえません。今の社会は物質社会で、金のある者、経済力の強い者が支配階級となっています。人間の価値が金で計算されています。人類に闘争が絶えないのも、力は正義とする唯物思想がはびこっているからです。

戦争、内乱、天災、社会不安、病気など、その原因をさぐると、すべて、こうした考え方、行動にあります。各人が、その心に目覚めたならば、太陽が東から西に没するように人体の各機能も、人間社会も、自然にノーマルな状態に復することが出来るのです。

各人の天命、人類の天命というものは、己の心を知ったときに、初めて達成されていくものです。第三の魂は図が示すように、心を含めて九〇％の潜在意識、想念帯、一〇％の表面意識の全体をいいます。しかし魂は、心そのもの、あるいは九〇％の潜在意識が、想念帯や表面意識に強く働きかけている場合は立派な人格、立派な徳性となって表面に出、人びとの範となるのですが、心や潜在意識の弱い場合、あるいはその働きのない場合は、いわゆる迷える魂といわれるようになってきます。

ですから魂そのものは、必ずしも、心を含めた全体とはいえない場合もあります。

以上が、人間の精神とその構造の大略です。ところで、精神は前述の通り、エネルギーそのものであり、そのエネルギーの在り方を図で示すと、波動になります。円の中心は心ですから、中心の波動は細かく、円周に近くなるほど荒くなっていきます。

九〇％の潜在意識

この層は、心に通ずる世界です。それは、創造と自由と智慧、慈悲と愛に満ち満ちた、無限の宝庫、場所、泉、空間であります。宗教的には守護霊・指導霊の住む世界であり、それは各人に等しく内在する、心のふるさとでもあります。

各人の潜在意識は、それぞれ心に通じていますが、守護霊そのものは、ある一定の空間、場所を占めているので、その位置は、必ずしも一定ではありません。たとえば、その守護霊の位置が、想念帯に近くなればなるほど、神界、霊界となり、逆に、心に近づくほど、菩薩、如来の光が出てまいります。これは、各人のあの世の修行の度合いによって異なるため、違ってきます。

しかし各人の努力、その一念力は、その守護霊をして、他の上段階にある知人、友人の指導霊の応援を求めることが出来ます。守護霊そのものの力が、かりに弱い場合でも悲観することはないのです。

神理……悟りは、その人の求める量に比例するように仕組まれているからです。

心に問う、きく、ということは、普通は九〇％の潜在意識、つまり守護霊にきけ……、ということです。潜在意識そのものは、光のエネルギーです。各人の守護霊は、そうしたエネルギーの世界に住んでいますから、そのエネルギーを、創造、自由、智慧にかえることができるのです。光のエネルギーは、万物を育《はぐく》む力を持っており、また万物の根源であり、同時に、この世にあるものは、あの世にもありますから、その人に必要なものは、守護霊が無限に供給し得ることが可能になってきます。

天才児の才能は、九〇%の潜在意識の一部が、その子の大脳に働きかけるためにおきるものです。その子の守護霊があの世で学んだことをダイレクト（直接）で教えるために、本人が今世で学んだことのない、大学生でも解けないような高等数学を解くことができたりするのです。しかし、その天才児が、増上慢となり、俺は偉いというような優越感や、おごる心に支配されますと、守護霊の働きはとまってしまいます。これはなぜかといいますと、たとえば、電気を自由に流すためには、ゴムやベークライトでは電気は流れません。銅、アルミといった導体物質でなければなりません。

これと同様に、守護霊は光に包まれており、光の電磁的作用でその者に教える（通信する）ので、それを受け入れる導体物質（表面意識）が増上慢という不導体物質のベールに包まれると、光を通さなくなるからです。

人間の精神のエネルギーを受ける心に、慈悲と愛とは正反対の、人を見下す増上慢や怒りの想念があっては、光が通じなくなるのはあたりまえでしょう。天才が一夜にして鈍才に変わるというのも、こうした理由によります。

想念帯

この層は、生きている人間にとっては非常に重要な役割を果たしているところです。

想念帯そのものも意識の一部であり、エネルギーから成り立っていますが、ここは潜在意識と表面意識がまざり合った世界です。ここには、各人の過去世、前世、あの世での生活の記録と、現象界、つまり後天的経験のすべてが記録されており、これを調べる場合は、この想念帯をみると一目瞭然です。それは何年何月何日、Aという人は、どこで、何をしたか。極端にいうなら、その日、一日のその人の全経験、考えたことまでわかります。

ウソがいえないとは、ここでもいえるわけです。現在肉体を持っている上々段階・光の天使は、各人の想念帯の記録を一瞬のうちに、読みとることができます。各人が昨夜見た夢まで当てます。つまり、人間は二十四時間、経験と、記録の連続であるのです。年中無休です。エネルギーに休息はあり得ません。それは死です。肉体的に死んでも、エネルギーは不滅ですから、無とはなり得ません。死んでも魂は残りますから、死人の行く先、考え、行動がわかるのです。

ある人は想念停止をやって悟ったように伝えられていますが、人間の意識の原理を知りますと、そんなバカバカしいことは、全くあり得ないことがわかります。

想念帯は、過去世の記録と現世の経験の記録集積所でありますから、各人の現象界での運命は、ここで握られていることになります。

つまり……決まっているのです。

それは職業的に、経済的に、地位的に、いろいろな面にわたって決まっています。想念帯が映画のフィルムとすれば、現象界での各人の生活様式は、そのフィルムから投影された映像であるわけです。

しかし、各人の運命には上限と下限とがあって、そのあいだを上がったり、下がったりして一生を送ります。上限とはその人の運命の好調時、下限とは、最低時、一番苦しい時期です。しかも、上限、下限のワクは、各人によって異なっています。そのワクの外には出られません。大抵の人は、下限と中間のあいだを、いったりきたりして、その一生を終わる場合が多いのです。

現在肉体を持っている上々段階・光の天使の光を受け、神理を理解するようになりますと、下限に落ちることはなく、上限にまで、自分の運命が切り開かれてゆきます。病気がなおった。事業がうまくいった。いい職業につけた、というのもこうした理由によります。

各人の想念帯は、潜在意識と表面意識の間に横たわり、層をなしていますが、その位置は、各人によって一定ではありません。図(一三六頁)のように、人間の精神構造は、宇宙界から幽界まであります。

そして想念帯の位置は、各人の前世、過去世、あの世、現世での修行、心の調和度によって、決まってくるからです。同じ心の問題の話を聴いても、これを理解できる人と、できない人があります。これは想念帯の位置がちがうからです。心に近い場合はその理解度は早く、逆の場合はおそいということになります。しかし想念帯は本人の努力や心の調和度に応じて、九〇%の潜在意識の力が強まり、向上されてゆきます。いずれにせよ、各人の教養、徳性、ものの見方、考え方、行動というものは、この想念帯に影響されるところがすこぶる大きく、それは、今世での知識、学問を超えたものです。

理由はなんであれ、ゲバ学生の存在、あるいはその反対に、体系だった学問を学んでいなくとも、大企業の経営者として、立派にその務めを果たしている多くの事実をみるとき、各人の想念帯の重要性というのが、よくよく理解出来ます。

各人の心理状態もその大部分は、想念帯の影響をうけています。笑い、悲しみ、怒り、苦しみなど、人によってその感受性は異なります。同じ冗談でも、ある人には笑いであり、ある人には悲しみになったり、怒りになる場合がしばしば見受けられます。これは、一〇%の表面意識の作用もありますが、それ以上に、想念帯の振幅に本人自身が動かされているためなのです。

今日の心理学は、この想念帯の振幅の研究といっても過言ではありません。もっとも、心理学も進み、深層心理から、超心理学までありますが、これらは、さきほどの九〇%

の潜在意識の領域に多少入り、予知、予言、透視などのさまざまな研究がなされつつあります。この意味では心理学も相当進んではきましたが、しかし潜在意識の領域は、それを研究するその人の魂、つまり、想念帯、表面意識を含めた全人格が、相当シッカリしていませんと、その研究成果は期待できるものとはなりません。この領域は非常に危険度が高いのです。潜在意識層は、次元の異なる世界ですし、あの世の生物（地獄霊、魔王）が徘徊《はいかい》していますから、予知、予言、透視が、仮に、一〇〇％当たったとしても、それが本物であるかどうかはわかりません。本物というのは、自分の本当の潜在意識かどうかという意味です。興味本位、当てもの主義、名誉欲があって研究しますと、動物霊や魔王を呼びこみます。真に科学として己が空となり、人類のために役立たせることにあるならば、その研究は、たしかに実を結ぶことになるでしょう。

一〇％の表面意識

ここは五官の世界です。すなわち、眼、耳、鼻、舌、身、そして、これから判断の基点となるところの各人の意、小我があります。ここは日々の生活、行動の場です。そうして、ここでの知識、経験、想いが、想念帯に記録されてゆくのです。眼で見て美しいと感じ、想い、そして行動に移すとき、私たちは、表面意識の作用をうけています。耳よりな話に心を動かし、体にふれるものに敏感なのも、表面意識の作用です。

ともかく表面意識は外見に敏感で、形の世界にとらわれます。そうして、人より偉くなりたい。金が欲しい。美しい人を側におきたい。うまいものを食べたい。楽しいことをしたい。美しい着物を着たい、見せたい、といった意の働きが強く出てきます。

しかし、各人の表面意識の作用は、五官、六根がそのままストレートに現れるかというとそうではなく、想念帯の意識が、ブレーキをかけたり、促したりするので、その行動はそれぞれ異なってきます。ですから五官、六根のうえでは、誰しも同じように感じても、考え、行動となると、みな違ってきます。

人間の苦の原因が、すべて、人間の五官、六根にあるというのも、私たちが、この表面意識の作用に、左右されてしまうところにあります。

通常大脳の働きは、表面意識と想念帯が、その主役を演じています。大脳そのものは単なる電子計算機であり、その計算機は、表面意識と想念帯が指令しているわけですが、本当はこの二つの意識は、指令室ではなく、指令所は、その奥の潜在意識でなくてはなりません。ところが、想念帯の層は、非常に厚く、堅いために、人はなかなか指令所の指令をうけることが出来ません。同時にこの二つの層は、各人の生活経験の上に成り立っていますから、各人それぞれ異なり、問題の多いところともいえます。

いちばん大事なことは、私たちの日常生活は普通六根に頼り、想念帯を含めた表面意識が毎日の生活の主力をなしていますから、これから少しでも脱皮するためには、潜在意識の声をきこうとする反省が必要です。反省は人間の持つ特権であり、人間再確認の、神が与えた機会であり、慈悲です。ですから、反省こそ、我ら人間の人間たるゆえんであり、精神向上に欠くことの出来ない、一大要素であるといえます。

自己保存、黒い想念

五官、六根に左右されますと、その人はやがて、病気や怪我、その他さまざまな障害に見舞われます。なぜかといいますと、人間は本来、神の子、仏の子であり、慈悲と愛、調和を目的として、この世に生をうけたのでありますから、これに反するような想念行為は、当然それに応じた反作用を伴うことになるからです。春夏秋冬の循環の法則は、人間の精神生活にも厳然として、存在しています。善なる行為は善を生み、悪なる行為は悪を生みます。

しかし、この世を見渡すと、悪が栄え、善は日陰にはいつくばっているようにみえます。憎まれっこ世にはばかる式に……。けれどもこれはちがうのです。

形の上ではそう見えても、その人の内面はどうでしょうか。権力は奪うもの式に、やっと手にした権力者は、今度は追われる立場となって、身の安全に、夜もろくろくねむれない日々を送る。金持は、その金を失うまいとしてキュウキュウとする。憎まれ者は、絶えず針の山に、その身を座しているようで、四六時中、腰をうかして生活しているのです。つらい話です。世にはばかりながら、自らを裁き、苦しんでいる。これが法則の姿なのです。

人は外見ではわかりません。善人に見えて、実は自分の利害だけしか考えない者もあるかと思えば、悪人のようだが、無類の善人もいるのです。口先や、姿形では、人の心はわかりません。大事なことは私たちの一生は、この世だけではないということです。

各人にはそれぞれ過去世があって、今世があり、あの世もあります。そして再び、この世に出て、あの世にかえる。こうした繰り返しの中に、各人の一生は連綿として続いているということ。しかも、この世の六十年、八十年は、あの世の生活に比べると、非常に短いものです。その短い期間に、善の結果が善にならず、悪の結果が悪ではないと思うのは、おろかしい判断なのです。この世で悪を重ねれば、あの世で悪の清算をしなければなりません。この世の悪を、この世で清算すればいいのですが、そうでないと、あの世に持ち込みます。悪の内容によっては、当然地獄に堕ちます。ですから、この世的な判断で、悪が栄え、善が亡びるとみたら大きなまちがいです。

しかし、こうした事実は、これまであまり明らかにされず、そのために、人びとは、表面意識の五官、六根にとらわれ、生きているうちが華という考えに陥ってしまうのです。

しかも、こうした五官、六根に各人の意識、魂が支配されますと、図（一三六頁）のように表面意識と想念帯に黒い塊りができ、動物霊や魔王、地獄霊がその人に憑依し、難病や事故死、自殺などをするようになってゆきます。恐ろしいことです。

現象界に肉体を持っている上々段階・光の天使

人間の地上における目的は、各人の心の調和と、地上の楽園、つまり仏国土、ユートピアの建設にあります。この目的は、人間自身が神仏の子であるからです。神と人間を切り離すこれまでの思想では、こうした目的に違和感が伴います。けれども神と人間を切り離したところに、人間の迷信があったのです。人間は神仏の子である以上、神仏の心に帰らなければなりません。それは人間自身の責任であるからです。

神仏の子である人間が、なぜ動物のようになり下がったか。それは長い地上での生活にふり回された結果です。オギャーとこの世に出た途端、人間はあの世での生活を忘れます。忘れる理由は、前世、過去世のおさらい、償い、そうして、あの世での生活の経験を、どう生かせるかの心の修行があるからです。覚えていては、その修行の目的は、なかば失われます。試験にカンニングはいけないように……。ではなぜこのような仕組みがあるかといえば、それは長い人間の歴史、転生輪廻の過程に重ねた諸々の罪、キリスト教でいういわゆる人間の原罪、これの清算のためです。人間の歴史は、今から二億年前に、さかのぼります。人類はすべて他の天体から、この地上に降り立ったのです。

当時の人びとは調和がとれ、地上は仏国土そのままでした。人びとの年齢は五百才、千才を保ち、年もとらずに、あの世とこの世を自由に、行ったり来たりしたものです。その当時は、人間には原罪というものはありません。

結婚して子供が出来ても、その子はあの世の生活を知っていました。ところが子孫が子孫を生むようになり、地上の生活になれた人類は、次第にあの世との交通が途絶え、五官、六根にふり回されるようになったのです。つまり罪をつくりはじめた。罪をつくれば、当然、その罪のつぐないをしなければなりません。

まいた種を刈り取ることは、自然の法則だからです。人間は神仏の子であり、自然の法則にそって、生きるように出来ているからです。

かくして、人間は、あの世からこの世に、生まれ出るときに、あの世の生活、前世、過去世を忘れるようになったのです。つまり己自身の修行が目的となったのです。修行とは、心の調和、神仏の心に帰る修行です。同時に、二億年前の仏国土、神の国を再びつくること、地上に降りたったその目的を果たすためでもあるわけなのです。この二つの目的、これが人間の使命であり、責任であるわけです。

人類にこの二つの目的を自覚させ、果たさせるために、光の天使がこの世にあらわれたのです。それは神仏の命によって……。イエス・キリストが天なる父の命によって、愛を説かれたように、光の天使は、宇宙の原理、人間の在り方、慈悲と愛の神理を説くために……。

釈迦の正法は、宇宙の原理、慈悲と愛であります。人間が小宇宙であることの自覚、小宇宙であればこそ、大宇宙と一体となり、一切の事実を認知できるのです。それは心という一点で大宇宙と結ばれているからです。心を通じて、小宇宙と大宇宙は、通い合えるのです。人びとは神仏の子であり、宇宙は神仏そのものであるからです。

現象界における光の天使は、神仏の命によって、各人の心の眼をひらかせる役目を担っています。仏教が哲学となり、学問となったその誤りを是正し、二千五百有余年前に説かれた釈迦の正法、心の神理を、ふたたび地上によみがえらせるために、その予言を実行しているのです。

神仏の命を受け、光の伝達者となって、人びとに惜しみなく光を与えています。ところが各人の心は、転生輪廻という長い歴史の過程に、諸々の想念、諸々の罪を重ねてきました。想念帯というカラの中に、各人の心は、埋没してしまったのです。そのために、普通では九〇%の潜在意識は特殊な人でなければ開けないといったありさまとなったのです。開けても、動物霊や地獄霊の支配をうけるのがオチです。いわんや守護霊の声をきくことはまず不可能であります。そういう状況に落ちこんでいるのが現代人です。しかし天使は、光の伝達者であり、各人の心、各人の守護霊をひき出し、想念帯、表面意識に働きかける使命を担っているので、天使の話を一回でも、二回でも、より多く聴聞することによって、想念帯にキレツが生じ、窓がひらかれるのです。各人の表面意識が、天使の話を聴聞することによって、想念帯の奥にいる守護霊が、その人の想念帯の浄化と表面意識に働きかけるからです。

各人が、天使の話を聴き、気分が楽になった、気持がセイセイした、八正道を行じよう、人びとに伝えよう、という自覚は、すべて守護霊のこうした作用があるからです。それは天使の心が、大宇宙の心を心としており、各人の心を知っているので、各人の心を体する守護霊と自由に、話が出来るためでもあります。もっとも、ここで間違えては困ることは、各人の想念帯と表面意識は、よいにつけ、悪いにつけ、それは各人自身のものであり、そうした意識をムリにかえさせることはできません。

各人の意識は、各人の意識であり、その自由、その意思は、神仏が与え、各人が所有するものですから、これは神仏といえども、自由にはならないのです。それだけの特権を、人間各自が持っています。従って、各人の守護霊も、各人の表面意識、想念帯が、これを迎え入れる自覚が出てこない限り、自由にはならないし、表面意識に顔を出すことさえ出来ないのです。

また反対に、表面意識や想念帯が、守護霊を迎え入れたいと願っても、その人の環境、意識の調和度、その他、諸々の事情で出られぬこともあります。従って一概に、霊道が開いた、そのこと自体にたいして評価はできません。霊道が開いたから、あの人は調和されている、いないということはいえないのです。霊道は開いていなくとも、意識の高い人もありますし、逆に霊道は開いているが、低い人もいるのです。

霊道そのものは、いろいろな諸事情が加味されて開くものだからです。それは神仏の計らいであり、光の天使の状況判断にかかっています。同時にこれを受け入れる各人の意識そのものにも理由はあります。

いずれにしても、神理を悟った天使の話を聴聞することによって、想念帯をおおっていた各人のこれまでの考え方、想念、教養、徳性に変化が起こり、既成観念に各種の疑問が湧いてきます。そうして、そうした疑問は、やがて、回を重ねるにしたがって、だんだん、氷解されてゆきます。しかし疑問そのものは、各人それぞれ異なり、次第に高次元化されてゆく人もあります。疑問の連続、そしてその解答の積み重ねは、やがて、心に通じます。

疑問は天使の話を聴聞することによって生じ、自ら行ずることによって、事実と理論の一致という解答で裏づけられてゆくものです。ですから疑問と行動は、たえず表裏一体となっていることが理想であり、悟りへの早道といえます。

ここで注意したいことは、疑問の解答が事実となって現れる場合と、そうでない場合があります。それは守護霊がその人の意識を磨くためです。その人に必要なときは直接的に、そうでないときは間接的に解答を出すからです。たとえば、ある人が神理の話を聴きます。その神理を聴く時期が、その人の人生、これからの一生にとって大事な運命の岐路に立っている場合は、その解答は直接的になります。つまりズバリ、ズバリとわかっていきます。そうして、その人をして、神理の神理たるゆえんを教えてゆきます。間接の場合は、ある程度、その神理もわかり、昔のように、五官や六根に左右されないとみれば、今度は手をかえ、品をかえ、より高次の疑問を提示し、その解答を、自らの意識で悟るように仕向けるのです。こうした場合は、疑問に対する解答は、容易に解けません。解けてもちがっています。守護霊は、あの世とこの世をみており、各人の生活を四六時中見守っていますから、その人の意識の状態、魂の状態いかんで、いろいろ指導します。そのヤリ方は各人各様です。一概にはいえません。

霊道が開いたということは、天使の光が、その人の意識に入ったことであり、同時に、内からの光が外に出たことを意味します。想念帯に窓が開くその典型が霊道です。霊道のことを普通は霊能といいますが、霊能が開くと、いろいろなことがわかってきます。人の心はもちろんのこと、病気の原因、明日起こり得る出来事、離れていても天使と話ができ、したがって電話もいりません。天使自身は、観自在で、居ながらにして、遠く離れた諸々の事象をキャッチします。ある人のごときは、三時間も、ある映画館で、映画を楽しんだこともあります。これは自分の身は家に居ながらにしてなのです。……こういう人ばかりですと、映画館は干あがってしまいますが、これは守護霊の存在と、その事実をみせるために、やったことで、年がら年中やるわけではありません。

霊能はこうした長所を持っていますが、短所もあります。それは表面意識の作用と想念帯の振動で、本人に欲が生じ、威張ったり、おごる気持や、金儲けの手段に使いますと、危険なものとなるからです。守護霊は光を体とした、慈悲と愛が身上であり、威張ったり、おごる気持とは、体質的に合わないからです。潜在意識のところで触れたように、それは電磁的作用で守護霊はその人の意識に働きかけますから、おごる気持は守護霊の働く場を失います。つまり守護霊はその人についてゆけず離れます。ところが、想念帯の一部は開いています。守護霊は、その人から離れる際に、その想念帯の開いた箇所をふさぎますが、そのスキに、動物霊や、魔王が入ってくるのです。具体的には、おごる気持は、こうした動物霊や魔王と同通するのです。従って、その人の意識が、これらを引き込むわけです。類は類をもって集まる。動物霊や魔王に、毒気を吹きかけられ、守護霊でもこうした場合、手がつけられぬことがしばしばあるのです。ですから、霊能者は、普通の人よりも、釈迦の正法を常に行じてゆくように、心掛けることが大切です。

天使は、その人にとって霊能を開かせた方がよいとみた場合は、開かせます。しかし、その慈悲と愛が本人に通ぜず、それを悪用されては、せっかくの慈悲はなんの役にも立ちません。各人は、それぞれ、主体性を持った神仏の子です。各人には自由と創造が与えられ、そしてその意思にたいしては、神仏といえども、動かすことができないのです。

太陽は地上に無限の光を与えています。しかしそれを受け入れる人間の側が、これに感謝し、これを善用するか、あるいは当然として悪用するかは、各人に任されているのと同じです。この点を各自がしっかりと肝に銘じておきませんと、大変なことになりります。これは、霊能者の基本です。同事に正法を行ずる者の態度でなければなりません。

しかし、そうした動物霊の憑依など、緊急の事態にたいして、天使は、二次的、三次的な配慮をしています。長い目でみた場合、そうした過程がその人にとって必要であることがあるのです。それは本人が夢からさめたときに、ハッキリ自覚されます。そして、その憑依作用が、その家庭を破壊するとみられる場合は、ただちに、動物霊、魔王を取り除きます。そうして、想念帯の窓を閉じてしまいます。

霊能そのものは、悟りへの一過程にすぎません。悟りとはほど遠いものです。それなのに鬼の首でも取ったように、有頂天になりますと、とんだ間違いをしでかし、天使の慈悲を仇で返すようなことになります。よくよく気をつけなければならないところです。

ともかく霊能というものには、このような短所があり、長所ばかりではないということも知らなくてはなりません。

ところで、私たちが天使の光を求めるその動機とはなんでしょうか。また、天使自身が、みなさんに、なんのために、光を与えるのか。

私たちの目的は、ひと言でいえば、安心した生活。それは肉体的にも、精神的にもということになりましょう。通常、『心行』の中に書かれている心の調和、そして仏国土をつくるということよりも、目先の利害にとらわれるのが常です。目先の利害と、心の調和、仏国土が一致してこそ……、というようです。ですから、まず両者の一致です。事業を持つ者は事業がうまくゆくように、病床にある者はその快復を、と。それは職業的にも、経済的にも、健康的にも、恵まれてこそ、正法が信じられるわけです。安心した生活は、こうした現象的な利益につながってこそ、得られるものでしょう。

ところが、正法というものは、こうした現象的利益と、一致するように出来ているのです。正法とは循環の法則であり、慈悲と愛という幸せを与えてくれるものだからです。循環とは、すべてが、めぐり、めぐってくるということです。心も、肉体も、エネルギーの集合体です。宇宙も空間もエネルギーから出来ています。テレビのチャンネルを回すと、いろいろな画面が映ってきます。電波は目には見えませんが、エネルギーを母体として、空間に生きているからです。人間の想念行為も、これと同様に、感謝の想いは感謝として、正しき行為は、それに応じた報奨として、本人に返ってくるものです。ですから正法そのものは、現象利益にも通ずるということです。

すべてのものは、円運動を描いて循環しています。円である以上、三六〇度回転すれば、再びもとの位置に返ってくるのです。太陽はまるく、地球も円形です。他の星々も、すべて円形です。四角や三角はありません。地球は太陽の回りを、円を描きながら回っています。宇宙は、正法そのままの姿で素直に動いているのです。人間の精神構造も、図に表せば、円になってしまうのです。原子の世界も原子核を中心に、その回りを陰外電子が、グルグル回っています。こうみてきますと、小は原子から、大は宇宙まで、すべてが、正法に照らして、円運動を描いているわけです。生命というものは、すべて円運動を描きながら動いているのです。

人間の生命も、核を中心に、五人の分身が、円運動を描きながら生き続けています。そのひとつが欠けても、生命体として維持されることはできないのです。ですから、人間の生命が、肉体が、円滑に、円運動を描いてゆくためには、各人が、正法に照らして、正法に即した生き方が必要になってくるのです。人間は小宇宙であり、各人には、自由と創造、意思が与えられていますから、その想念、行為は、各人の自由にまかせられています。それだけに、正法に反すれば、病気や、事業不振、さまざまな悩みを抱くようになるのです。

正法とは、法であり、法はまた慈悲と愛であります。太陽が正法通り、熱、光を地上に惜しみなく与えてくれるから、地上での生活が可能なのです。喜びがあるのです。これが慈悲でなくてなんなのでしょうか。

太陽は無言のうちに、私たちに、その生き方を教えています。

すなわち、正法を理解し、慈悲と愛に生きよ――と。光の天使は、その正法の存在を、盲目となった人びとに、明らかにしているのです。現象利益も、正法を理解し、実行するならば、自然に与えられることを教えています。ですから、現象利益、大いに結構なのです。正法に沿った生き方、つまり、慈悲と愛のみ——そこまでゆかなくとも、私たちの日常生活のすべてが、正法から外れないような生き方が行じられるようにしたいものです。

第四章　神理問答集

生老病死という苦しみ悲しみの原因は、
五官六根に振り回されるところにある。
安らぎと、調和を願うなら、我執を離れ、
中道の生活を送ることだ。

病気

問 誰しも健康で元気に生涯をすごせればこれほどの幸せはないと思います。だのに病気（災難を含め）はいつやってくるかわかりません。病気の原因と病気から解放されるということは、人間である以上、不可能なのでしょうか。

答 病気の状態についてまず説明しましょう。病気は文字通り、気の病いであり、肉体が病むというよりも実は肉体細胞を司る意識が病むものです。胃腸には胃腸の意識があり、心臓には心臓の意識があります。その意識が正常な活動を失い不活発になるために、その部分が痛んだり病んだりします。もちろん、一カ所が痛めば体全体にも影響し、全体の活動を弱めてゆきます。

人間の意識を大きくわけますと、魂意識と体の各部分を動かしている細胞意識があり、病気はその両方が病むものですが、その原因は、表面意識（表面意識の奥にある想念帯意識も含む）にあります。こわいものをみて体がすくむ。怒ったときに心臓がドキドキする。笑ったあとはお腹がすきます。このように表面意識と細胞意識というものは密接な関連を持ち、表面意識に細胞意識が常に左右されています。したがって、先天性の場合をのぞいて、病気の大部分は表面意識にその原因をみることができます。そして、細胞意識の病む場合は多分に肉体遺伝の場合が多いのです。

人間の魂意識（潜在意識層）は神の子でありますから、病気になるということはありません。すなわち、意識の中心である心は病むことはないのです。ただ魂意識層にある守護霊が人によっては表面意識と足なみをそろえて病むことはありますが、意識の中心である心まで病むことはないのです。

この意味から、心だけをみるならば病気は本来ないということになります。ところが現実に病気はあります。病気の原因は前述の通り、怒ったり、そしったり、争いの想い、対立感情にあるのですが、それは想念が原因です。釈迦はこれを人間のカルマといい、イエスは原罪と呼んでいます。こうしたカルマが表面意識を通して想念帯に病巣をつくり、肉体的病気となって現れてくるのであります。また、仮に、生まれてから死ぬまで正法通りに生きた人がいるとします。その人は病気をしないかというとやはりします。後天的には立派でも先天的なカルマが表面に出るからです。この世は過去世のカルマを修正するために出ているのですから、後天的な理由だけのものではありません。ただし、この場合、十の先天的カルマは、後天的な善なる行為によって、五になり、三になり、一になります。つまり悪と善の相殺作用が働きます。この意味で、人は、現世で悟ったとしても、病気から解放されるということは、まずないのです。まして、人間は神になることはできません。悟りに限界がないのと同じように、あやまちは人間には、常についてまわるものだからです。

病気の種類は大別すると三通りあります。その一は純然たる肉体的な消耗。その二は憑依現象。その三は守護霊による作用。一は、精神が先走り肉体がついていけない場合。二は病気の大半を占め、地獄霊、動物霊の憑依。この場合自己保存が主たる理由であり、反省し、想念行為が改まらないかぎり、病気の状態は変わりません。守護霊による作用は、本人の自覚が先決です。いずれにせよ病気は、想念行為にその原因がみられるものです。

十字架

問 イエス・キリストは海上を歩き、また数片のパンで数千の人びとの飢えを満たした、とありますが、そうした霊能力者が、なぜ捕えられ、十字架にかけられたのですか。また、十字架にかけられ、息絶える前に「わが神よ、なんぞ我を見棄て給いし」といわれていますが、その真意をご説明下さい。

答 海上を歩いたイエス・キリストは光子体のイエスであり、肉体のイエスではありません。これをみた弟子たちの眼は、肉眼のそれではなく、心眼（霊視）であったのです。しかし弟子たちは、それが心眼であるか、肉眼か、彼らにはその自覚はまだありませんでした。

数片のパンで数千の人の飢えを満たしたことは事実です。その霊能力者がなぜ捕えられたのでしょうか。十字架にかけられることを、イエスは事前にわかっていました。そして、死後の復活まで知っていたのです。実在界から教えられていたからです。十字架の刑の原因は、イエス自身の激しい気性にありました。魔王を憑けた人びとが多かったために、魔王の怒りを買ったからです。しかし、十字架によって、愛の神理が、よりいっそう人びとの心に芽生え、魔王は、結局イエスに負けたのです。

十字架と復活――。これによって、愛の神理は全世界に伝播《でんぱ》し、イエスの神理は二千年を経た今日でも、人びとの胸に刻み込まれることになりました。

さて次に、

「わが神よ、わが神よ、なんぞ我を見棄て給いし……」

とあります。十字架上のイエスは、息絶える寸前、こう大声でいったと、マタイ伝では記されています。ところがルカ伝二十三章では、

「父よ、わが霊を御手にゆだぬ」

といっています。いったい、どちらが本当なのでしょう。

イエスは、事前に、十字架も、復活も知っています。ユダが自分をパリサイ人に売ること、ペテロが嘘言を吐くことも知っていたのです。

新約聖書にしろ、仏典にしろ、いろいろな人の手によって書かれてきました。聖書はイエスの手によったものではありません。とすると書く人の気根なり、心の在り方によって大分表現が違ってきますし、間違いもあるでしょう。さらには、これを訳す人の心構えによっても変わってきます。

マタイ伝、ルカ伝、どちらも本当だ、という見方もあって、それなりに統一した解釈を下している人もあるようですが、イエスのこのときの言葉は、

「神よ、人びとを見棄て給うな、その為す所を知らざればなり」

と、いうことです。

聖書にしろ、仏典にしろ、文字にとらわれると、その真意を見失ってしまいます。全体の大意をつかむことが大切です。全体の大意で、それが本物か偽物かの判断がつくようにしたいものです。

死者の霊

問 昔からよくいわれていることですが、人間は死後四十九日間は、家《や》の棟《むね》を離れない、といわれていますが、これは本当なのでしょうか。

答 四十九日のいわれはどこから来たか。昔から七の数をラッキーセブンといって、縁起がよいとされています。七の数は完成を意味する、といわれ、そこから七の七倍は四十九で、もっとも縁起がいいということになるようです。法事の説明では、死後四十九日の間に次の生の縁が定まるとされ、七日目毎の読経礼仏は死者をして善処に生まれかわらしめることができる、ということのようです。

実際はどうかというと、そんなことはないのです。釈迦は反省、中道の正法にめざめて二十一日目に悟り、実在界に招かれて法話をしますが、二十一というのは、あの世の定めであって、死者の霊の場合も、二十一日間は、この地上にいて、自由行動ができる仕組みになっています。

したがって、四十九日の根拠の故事来歴はともかく、二十一日間は、死者の魂は家の棟にとどまることができるのです。しかし、どんなに現象界に執着を持った霊でも、それ以上はこの地上界に、とどまることはできません。二十一日というのは、地上にとどまる最大限の日数であり、悟った霊ならば、一時間も地上にはいません。そのままスーッと次元の違った世界に帰ってゆきます。

二十一日という数も、七の三倍という風にみますが、しかしこれはあの世の仕組みであって、もしも、こうした仕組みがなされていないと、現象界は大混乱になってしまいます。

それはどういうことかというと、悟った霊ならともかく、悟らない霊が生きている人間同様に、その行動が自由になるとすれば、多くの人に憑依し、地上界は、たちまち悪霊の支配下におかれてしまうからです。葬式後、死者が家に遊びに来るとか、あいさつに来る例は多いのですが、死後二十一日間はそうした自由が許されているからです。しかしその後はそうした自由行動は許されません。

死者が地上に執着を持ち、二十一日をすぎても地上にいる場合があります。これらは自縛霊として、その土地、場所にいるのです。行動の自由はありません。憑依は、その場所に近づくことによって行なわれます。また、自縛霊は、その場所に常時いるかというとそうではなく、次元の違うあの世の生活に耐えられず、その苦しみから逃れるために、執着を持った地上に、意識を同通させるために起こる現象です。ですから、霊視でも見えるときと、見えないときがあるはずです。

自縛霊は、土地や場所だけでなく、物にも通じています。その物を持つと凶事が起こる例は洋の東西を通じてよくあることです。

なお悟った霊はどうかというと、悟った霊には行動の自由があります。上段階に行けば行くほど、その行動範囲は広く、その点は自縛霊とは比較になりません。

他力本願

問 他力本願の教えは、なぜ正しい道に反するのですか。その誤りを教えて下さい。

答

まず他力の発生は、人間が十パーセントの意識で生活しているため、一寸先がわからないことと、人のカルマというものが、ちょっとや、そっとでは修正しにくいところに原因があります。

祈り（願い）や念仏が、こうした人間の弱さから生まれ、今日の信仰形態が、仏教、キリスト教を問わず、他力に変形していったのも、無理はないと思われます。

しかし、無理はないといっても、他力では本願（悟り）は絶対に得られません。なぜならば、人間の心の歪みは他力では修正できないし、またそのようには出来ていないからです。

人間は、神の子なのです。

この事実をまず認識して、自覚を持って下さい。

さてこの大宇宙は、神が創造したものです。神が、その意思と、自らの力で。神は天地創造と同時に、創造した現象物質界に、永遠の調和をめざすことを意思しました。目標のない意思は意思として働かないし、運動のない生命は、生命として生きてこないのです。永遠の調和、生命の転生輪廻は、そうした意思の下に始まったのです。

神の意思の継承者は人間です。さけることは出来ません。同時に、人間に生まれたことに感謝を持つべきです。

神の子の人間は、神が果たされた天地創造のその働きを、こんどは人間が果たしてゆくことになったのです。

人間は、自ら意思し、創造し、自由にその環境を変える能力を持っています。

こうした意味で、人間は、自力によってのみ、神の子の目的と使命を果たすことができるのです。

正道は、こうした神の心にもとづいた想念と行為を教え、調和という大目標に向かうことを示すものです。

他力の誤りは、人間の神性、仏性に目をふさぐことにあります。

もし他力で、安心が得られ、悟れたという人があれば、お目にかかりたい。いつでもお会いします。

日本の他力は、法然、親鸞によって開かれたことになっていますが、仏教を大衆化し、衆生の中に根を下ろすには、こうした方法をとるより他に手段がなかったからだと思います。法然は、他力によって神理を悟れたかというと、そうはいかなかったようです。
他力は、開祖でも悟れないとすれば、大宇宙を動かしている偉大な能力と、その能力を感知出来る自分自身を、もう一度ふりかえってみる必要があるでしょう。

本能と欲望

問 本能と欲望は同じもののようにも考えられ、異質のようにも思えます。この二つの本質とその関係、そして違いがあればどう違うのかを説明して下さい。

答 まず、本能について考えてみます。本能のなかには食べる食本能と種族保存の性本能があります。母性本能というものもありますが、食と性の本能はもっとも根源的なものです。この本能は生物が生きてゆくうえに、絶対に欠かすことのできないものです。もしも、この二つの本能が与えられていなかったならば、生物は絶滅しているでしょう。絶滅させないために、神はこの二つの本能を、すべての生物に平等に与えました。それゆえ、本能は生物の生存に必要な、最低の条件であるといえます。

　人間以外は、生物の本能においては、強い制約をうけています。野放しにしますと、種族内や種族間の調和を乱すおそれが出てくるからです。人間については、こうした制約がありません。万物の霊長たるゆえんも、こうしたところにも顔をのぞかせております。なぜ人間については制約をうけないかといいますと、人間は自らの知性と理性によって本能をコントロールしてゆくようにできているからです。

　次に欲望です。欲望には、本能の影響力がもっとも強く現れます。なぜなら本能は生存に必要な最低の条件を求めてゆくものであり、したがって欲望をもっとも強烈に刺激してゆくからです。しかし欲望は、もともと二次的作用として生まれた精神作用でありますｊ。本能は生存に欠かせない一次的なものです。欲望の中には、知性からくる知識欲もあり、好き嫌いを表す感情からは、そねみ、ねたみ、中傷といったものから、本能とのかね合いから、権力、名誉、地位などにたいする欲望などがさまざまに生じてくるでしょう。

こうみてまいりますと、本能と欲望の相違点が非常にはっきりしてくると思います。つまり、欲望が発生する土壌は極めて広く、本能はその中の一部にすぎないということがいえると思います。したがって、本能と欲望は、もともと異質のものであり、違った次元で考えてゆかなければならないものです。

それでは欲望はどんな理由から発生してくるのでしょうか。欲望の根本は自我、執着です。自分と他人との相対観。苦しみ悲しみが必ずしも一致しないために、きわめて個人的、孤立的、排他的のなかから生まれます。こういうと、今日の物質文明は欲望が土台であり、欲望がなければ何事も発展しないと考えられるわけですが、本来こうした欲望がなくとも社会は発展するものです。それは人間としての義務、献身、博愛、協調、連帯感といったものがあれば、文明はより精神的な、より高度な発展を遂げてゆくことでしょう。こういうこともいえるのです。例えば、欲望を持った人間の意識社会の中で、かりに、社会福祉を広く与えたとします。すると人間は勤労や発明発見にたいする意欲を失い、その社会の運営をむずかしいものにしてゆくでしょう。自殺者や性の乱脈が福祉社会の国家に多くみられるというのも、義務とか献身といった高度の価値観、意識のめざめがないためにおこるようです。ともあれ、現代の意識の状態において、欲望と発展ということを切り離して考えることは、確かに困難だと思います。そこでまず大事なことは、足ることを知った生活、助け合う日常を送ることです。節度は調和を生み、調和はより大きな発展をもたらすからです。

信仰と貧しさ

問　一般世間をみると、信仰を持たない者が恵まれ、信仰者が不幸で貧しいという現象にぶつかります。何か矛盾を感ずるのですが、これはどういうわけでしょうか。

答　厳格な意味では信仰を持たない者は一人もおりません。自分を信じているか、金を信じているか、地位や名誉を信じて生きているか、何かを信じて生きているのが人間です。何も信ずることが出来なくなったならば、人は生きてゆくことさえむずかしいでしょう。

まず神信心のない人たちが比較的恵まれている理由は、その生活態度が自力的だからです。依頼心が少なく、原因と結果について自分なりの見解を持っており、ものの成否は努力の結果とみているからです。それだけに自己中心的であり、念力も人一倍強く働いています。恵まれた環境は、そうした諸条件が生み出したといえるでしょう。

ところで人の幸、不幸は本来主観的なものです。第三者が見て、経済的に恵まれているから幸せかというとそうではなく、それを維持するために汲々とした生活であったり、親子の断絶があったり、形だけの夫婦であるとか、内と外では大違いという場合が多いようです。また金が出来、地位が上がると、こんどは慢心を起こし、情欲に流れたりして、金持三代続かず、のように新たな原因をつくり出してゆきます。

努力そのものは正道に適っていますが、報恩感謝のない生活は、やがては身を滅ぼすことになるのです。ですから、自分を信ずることはよいのですが、心のない自力は、幸せのように見えていながら、不幸の原因をつくりつつあるといえるでしょう。

一方、信仰を持ちながら貧しい、というのは、これまでの信仰は十のうち十までが他力でした。先祖崇拝と祈りと読経が生活を豊かにすると考えられ、タナボタ式に幸せをつかもうとしました。信者の態度も、祈れば救われ、病気も治る、金も入ってくるとして、生活まで犠牲にしてきました。これでは貧しくなるのは当然でしょう。ことに、信仰者のものの考え方は逃避的、自慰的、排他的、独善的である場合が多く、生活に積極的に立ち向かってゆく傾向が少ないようです。

他力信仰の弊害は、神と称する教祖なり、拝む対象物が、ニセ物であることが多いため、信仰者の生活をますます貧しいものにしてゆきます。この世には眼で見えぬ霊の働きがあり、正道に反した信仰の背後には、必ずといってよいほど動物霊が暗躍しているものです。信仰して貧しくなるのは、そのためといってもよいのです。

そこで生活を豊かにするには、まず正道に適った生活態度が絶対必要であり、誤った信仰なら、しない方がよいということになります。

いずれにしても、正法（正しい秩序）に適う生活が自分を生かし、安らぎを得る最良の道であるわけです。

煩悩即菩提

問 煩悩即菩提についてはいろいろいわれていますが、その真の意味がよくわかりません。いったい、これはどういうことをいっているのですか。

答 この言葉は、現象界に出てきている私たちにたいしていわれる言葉です。

この現象界は、表面意識が十パーセント、潜在意識が九十パーセントとなり、五官に頼る生活をしいられています。日常生活の大部分は表面意識が作用していますから、どうしても五官に頼るようになり、そうなれば当然のことながら、自己中心的な考えが支配的になってきます。腕をツネれば痛い。蚊に刺されればかゆい。学校にあがって同じように先生に教わりながら、友人の成績が良く、自分は悪い。能力の相違、体力の違い、痛い、苦しい、楽しい、という感覚、感情について、友人や兄や姉、弟や妹たちとの違いが発見されてきますと、やがてその感覚は、自我を育てる温床に変わってゆきます。

煩悩の温床というものは、こうした自我のめざめ、対立的な感情が、知らず知らずのうちに、自分の心の中につくられてくるものです。また人間は、十パーセントの表面意識で生活しますから、自分が生まれてから今日までの過去はわかっても、明日おこる運命はわかりません。このために、人間は、長ずるにしたがって、自己中心的となり、煩悩の火はますます燃えさかるように仕組まれてゆきます。

そこで、その人生において、煩悩は当たり前として、これに身をまかせてしまう精神状態の人は下根の人といいます。煩悩は悪としながらも、現実の環境に、時には負け、勝ったりする人は中根の人。上根の人とは、煩悩を菩提と化してゆく人です。煩悩は悪であると認め、その煩悩を善にかえ、悪を乗り越えてゆく人をいいます。

さて、煩悩即菩提という言葉を、別な言葉におきかえると「善と悪」ということになります。何が悪で、何が善であるかは、その想念と行為が、大宇宙を生かす「慈悲と愛」に適っているかどうかにかかっています。

しかしその前に、この世に悪がなく、善のみであるとしたらどうなるでしょう。悪の心もわからず、善の悦びもつかめないと思います。反対に、悪のみあって善のない世界であるとするなら、人間は、生きてゆくことに失望を感ずるでしょう。悪があり、善に希望が持てるから、人間はこの現象界に生きてゆけると思います。そうして、悪があるので善の心、善の意識の高低についても判断がついてくるのです。人間の心は、一念三千の譬《たとえ》のように、これを大別すれば明《めい》と暗《あん》、善と悪といった二層の姿から成っており、その二層を通じて善の心が、より大きく、より次元の高い善に向かう下地がつくられてゆくのです。

煩悩と菩提の姿は、人間の心を二分した明と暗の世界を指しており、その意味するところは暗の心をステップとして、より大きな、より高い明の心をひらいてゆくことにあります。明の心をひらくことによって、人間の魂は、慈悲と愛に大きく変ぼうをとげてゆきます。すなわち、悪を許し、善をのばしたところの「絶対なる善」に昇華してゆくのです。それにはまず、己の心を正しくみつめなければなりません。正しくみつめれば五官に頼る生活と、十パーセントの意識の想念行為の、悪の部分が浮かび出てきます。浮かび出た悪の芽はつみ、善である明の心にかえてゆくことこそ、煩悩即菩提の姿です。

死について

問　人間の死は自然死が理想でしょう。病死には原因があるといいますが、では戦争による戦死、災害などによる不可抗力の死についてもやはり個人的な原因があるのですか。また、こうした人びとのあの世の生活はどうなのですか。

答　おっしゃる通り、理想は自然死です。定命《じょうみょう》がきて、眠るがごとく大往生する姿は、第三者がみても気持がいいものです。事故死、病死という場合は、年齢が若いほど、身内の者、残された家族の悲しみを誘います。自殺はともかく、事故死、病死の場合は、自分の意思に関係ないと思われますが、しかしその原因は、やはり、自分自身にありまず。イエスは十字架にかけられ、そして、殺されました。あのように偉大な光の天使が十字架というはりつけの刑に処せられたことは、普通では理解できません。そこで、後々の人たちは、イエスは人類の原罪を背負って十字架の人となったと伝えています。これも理由の一つです。ところが二千年前のイエスは、なかなか気性の激しい人だったのです。しかも物すごい霊眼を持っていましたから、人を見た瞬間、その人の心を見抜きます。魔王の心を持った者のうしろには、魔王がひかえているのが見えるのです。つまり、二重写しになって人の姿がみえます。そうしてイエスは、その魔王に向かって「お前はここから立ち去れ」と一喝します。一喝された相手は、自分に向かっていっていると思い、イエスというやつは怪《け》しからんと憎しみをいだきます。イエスは本人にいっているのではなく、憑いている魔王にいっているのですが、本人はそれがわからないため、自分にいわれたものと錯覚します。もともと自分の心が魔をひきよせているのですから、本人といっても差し支えないのですが、しかし、人間は神の子です。心次第で天使になれるのですから、イエスは魔王に向かって叫んでいるのです。ともかく、こうしたことが重なって、あのような劇的な死を遂げるのです。したがって十字架の原因は、魔王を憑けた人たちの心ない行為にあったのですが、さらにその原因を求めると、気性の激しさにあったといえます。

こうみてきますと、病死、事故死についても、その原因は自分にもあるといえるのです。

戦争という個人の意思に関係なくやってくる殺し合いによる死はどうかということですが、これとても同じです。同じように戦場に出ながら、ある者は生き残り、ある者は戦死します。また部隊が全滅しながら奇跡的に生き残ります。これも、個人個人の想念と行為に、その原因を求めることができるのです。

ところで、病死、事故、戦死の場合、その霊は浮かばれるか浮かばれないかということですが、これは個々にみないとわかりません。同じ戦死でも、あの世に戻って修行した方がいいということもありますし、この世での修行がまだ数多く残っているのに、その想念行為が死を招く場合は、幽界の下段、地獄に堕ちます。大事なことは、同じように戦死という結果を招く原因をつくっていても、人によって、あの世の生活の次元が違うということです。若死は悪く、老死をよしとみますが、必ずしもそうとはいい切れないのです。死を招く原因をつくっていても人それぞれの目的なり役目があるので、その役目を果たしているときは若死でも天上界にいきます。死に方だけで、あの世の位置が決められないのは、心の問題と、役目を果たしているかどうか、にかかっているからです。

念と執着

問 病気で苦しんでいる主人、あるいは主婦が、もしもその病気で死んでしまったならば残された家族は不幸です。そこで、神に念じ、どうぞこの病気を治して下さいというその心は、いったい執着につながるのか、それとも慈悲の心なのですか。

答 それは立派な慈悲の心です。残された家族の行く末を考えると、今ここで死なれては困る、子供も小さい、神よ、どうぞ病いに苦しんでいる人を救って下さい、という心が執着であるはずがありません。

ただこういう場合があります。念じる人の立場です。たとえばある人に金を貸しました。その人が病気になって、もしも死んだら貸した金をとれない、そこで、金を返してもらいたいがために、その病気を治してくれと神に念ずる。これは慈悲ではありません、執着です。ですから、念じる人が、どういう心で念じているかによって、慈悲になり、執着にもなるのです。

ここで念について考えてみましょう。念のなかには三つの性質が含まれています。一つは「エネルギー」として、もう一つは「ねがい」、さらにもう一つは「循環」です。エネルギーとしての念は、ふつう念力といわれるように、念はいわゆる力であり、力はエネルギーの集中されたものです。人間の精神は、エネルギーの集まりによってできており、ものを考える、思う、念ずるの精神活動は、そのエネルギーの放出された姿をいいます。ですから、ものを考えたり、心配すれば、内にあるエネルギーが消費されるのですから疲れを覚えます。しかし、エネルギーそのものはモーターを動かす電気と同様に、善悪に関係はないはずです。問題は「念」としてエネルギーが放出されるときには「ねがい」という意識活動があるのです。この意識活動が、欲望を主体にしているか、欲望から離れた慈悲、愛から出たものであるかによって、その念は、その人に、あるいは第三者にいろいろな状況を生み出してゆきます。すなわち、念には、もう一つの性質があるわけです。それは、「循環」の作用です。念は波動であり、波動は山びこと同様に、発信者に必ず返ってきます。つまり、悪の念には悪が、善の念には善がハネ返ってくるのです。すなわち念波は、あの世にただちにコンタクトされ、善の念波は天国に、悪は地獄に通じます。

したがって慈悲、愛の心で、病気を治して欲しいと念じたとすれば、その念力はあの世の天使に通じ、そして加護をうけ、病気をなおし、慈悲を与えたその人にも光が与えられるわけです。悪はこの反対です。

次に執着です。執着とは「モノにこだわる」ことをいいます。「これは俺のものだ」「俺はこれこれのことをした、……だから報恩は当然だ」「俺はあいつより偉い」「俺は有能だ」「死にたくない」等々。想いが深く重く沈んでいることをいいます。

ふつう人間の意識活動は、念と執着がまざり合って動いています。そうして、一方、比較的念の強い人に世の成功者が多いようです。だがしかし、金持三代続かずというように、やがてその反動がやってくるのです。栄枯盛衰は人の世の姿です。ある年代にきますと、浮世という言葉が実感として感じられるのも、人の世が念と執着がまざり合い、ぶつかりあい、念の作用である循環の作用のなかで生きているからです。正しい念は中道という慈悲、愛を根底としたものが最上であり、また、人間の姿は本来そうあるべきものなのです。

精神活動

問　人間の精神活動である、精神、心、意識、魂について、その一つ一つの概念が釈然としません。いったい想念とはどういうものか、心とは何をいうのか説明して下さい。

答　生命を動かしているものは精神です。精神とは文字通り神の精であり、神のエネルギーです。人間の生命活動は精神の働きなくして一日として維持することはできません。もちろん、肉体は食物からカロリーを補給しますが、食本能という精神活動がなければ食べることもできないし、だいいち、その要求すらおきません。ですから精神は、人間の五体を支える大事なエネルギーの母体であり、これなくして生物の生存は不可能だということになるでしょう。

心とは、その、神の精というエネルギーを受ける受け場であり、器であります。器である以上は、人によって大きい、小さいがあります。人類に光明を与えた偉大な人物を称して、巨星とか、大器とか、生き神とか、生き仏などという言葉を使っています。これはその人の心の包容力、ないしは大きさを意味し、人は心という器を持っていることをいい表しているのです。心の大小によって、人の役目も決まってきます。それだけに、心は、人間の精神活動の中心に位置し、心こそは、神につながっている基点であり、絆《きずな》でもあります。

心から流れてきた神のエネルギーは、人の意識を形成します。意識というのは主体と客体の判断の基礎をなす働きです。意識活動がなければ、自分の存在も、人の存在も認識できません。自分がここにいる、人があそこに立っている、という判断は、心によってうけられたエネルギーの波動を媒体として、自我という意識活動が行なわれるからです。

生命あるものはすべてこの自我という意識活動の働きと、心の大小によって影響をうけてゆくものです。

想念というのは、内部からの意識活動と、五官を通して入ってくる善悪美醜などの波動の混合されたエネルギー活動です。内部と外部との比はどのくらいかといいますと、ふつうは二対八ないしは一対九ぐらいの率になります。つまり、想念は五官による影響が非常に大きく、人の意識も想念によって形作られてゆきます。これを別な立場からいいますと、人は環境によって非常に左右されることになります。このため、心の器が大きくとも、それを十分に発揮できずに一生を終えるという人もでてきますし、反対に、器が小さくとも、環境のよさに幸いされ、その器をフルに働かせる人も出てくるわけです。この意味から想念の浄化は意識の浄化につながり、意識の浄化は今世の役目にめざめさせ、果たさせる大きな要素となるわけです。

次に魂ですが、魂とは意識と想念の合成されたその全体をいいます。人の意識は表面十%、潜在九十%の比で構成され、人は大抵表面十%の意識活動で生活しています。したがって人の魂は表面意識と潜在意識を合わせたものですが、狭義には表面意識と想念帯（表面、潜在両意識の間にある記録層）をいいます。五官に左右されるのは表面意識のみで生活しているからです。このため迷える魂となるのは、五官に明け暮れた一生を送った人びとです。悟った魂とは潜在意識をひらき、地上に光明を与えた魂をいいます。

己の魂を向上させるには、まず潜在意識につながることであり、それには、まず想念を浄化すること、つまり、五官に左右されない生活を送ることが大切である、ということになります。

運命と自由

問 因縁と因果、運命、人間の自由性について簡単に説明して下さい。

答 因縁因果は、別の言葉でいえば循環の法のことです。悪を想えば悪、善を想えば善の果が返ってくるわけです。したがって極めて宿命的であり、さけることのできない性質を持っています。

前世の因縁が今世の因果をつくっているとよくいわれますが、これは当てにはなりません。あの世の生活が前世と今世の間でなされており、前世の因縁を修正して人は生まれてきていますから、その因縁がそのまま因果とはならないわけです。したがって前世で悪事をしたから今世は貧乏で苦しむということはありません。ただしこういうことはいえます。前世の因縁は、今世でもその縁にひきずられる要素を持っています。このため、前世と同じことを繰り返してしまうことが間々あるのです。前世は商人であったが、今世は医者になりたいと考えていた者が、環境やその他の理由で、前世の経験にひきずられ、再び商人になってしまう。

因縁因果は、前世と今世についてみると、このようにストレートに現れるのではなく、今世で作り出した因縁に因果がついてまわる、というわけです。悪人が栄え、善人が苦しむのはどういうわけかと反問されることと思いますが、外見は栄えても、その人の心の状態をみると、地獄であることが多いのです。したがって因縁因果は外見では推し量れない場合が少なくありません。

次に運命とは、文字通り命を運ぶことであり、一般的には宿命的なもののように考えられていますがそうではありません。運命は自ら切りひらいてゆくものであり、本来、環境に押し流されるものであってはならないわけです。ただ、人にはそれぞれ今世での果たすべき役割があります。男と女の相違、才能のちがい、器の大小、性格の相違といったものがあり、そうして、そうした要件の下で今世の役目を果たしてゆくわけですから、したがって、その限りでは、個々の運命は決められているといえるかもしれません。因縁因果がそのまま宿命的な運命となって現れることは、原理的にはいえるのですが、人は本来、自由に意思し、自由に創造してゆくものですから、宿命的な運命に自分をほんろうされることは、自分を失ったことを意味し、正法からみると、大変なマイナスになります。悪因悪果の運命にたいして、反省し、己の心を正法に戻したときには、その運命に翻弄《ほんろう》されない自分となってゆくでしょう。神の子としての自己の確立は、自己の運命を超えてゆく心の自由自在性を持ったものであり、人間の本質は、そうした自由性によって生かされるものであるからです。

イエス・キリストは十字架にかけられました。しかしイエスは復活しました。人間の魂の自由性を証明したのです。十字架という受難の運命はありましたが、その運命を楽々と乗り越え、魂の自在性と心の自由性を、復活という事実をもって証明したのです。あれがイエスでなく、十字架の苦痛に心をとらわれる人であったならば、あの世でもその苦しみの中に沈んでしまったことでしょう。

善因善果を心がけ、そうして心の自由を認識し、宿命的運命に翻弄されず、むしろその運命を切りひらいてゆく自己の確立こそ、正法者の進むべき道であるといえます。

業（カルマ）

問 人間の業はどうしてつくられ、そして、どういうものを業というのでしょうか。また業想念について説明して下さい。

答 業を称してカルマともいっています。カルマとは強い力でグルグルと回り続ける性質をいい、これに足をすくわれると人間はなかなかここから解脱できなくなります。業のとりこになると、その人の人生は灰色になります。

人間の業はどうして生じたかといえば、それは転生輪廻の過程において生じたものです。最初の人類は、神の意を体していましたからこうした業は身についていませんでした。ところが現世に生まれては死に、生まれては死んでゆくにしたがって、人間は心に黒い想念をつけていったのです。そのために人生は、まずその黒い想念を払うことが目的となり、その目的を果たすことが仏国土をつくるための大きな前提になってきたのです。

では黒い想念とはどういうものかといえば、それは執着です。五官六根に左右された自己保存の執着が、それぞれの業をつくっていったのです。したがって業とは、人びとの想念と行為における執着が、それぞれの業であるといえるでしょう。

業というと悪が連想されます。ところが業は必ずしも悪だけではないのです。善も実は業なのです。教育者の家庭に想像もつかないような悪が芽生えるのも、善の意識が強く働き、家庭をしばりつけてしまうからです。「ああしてはいけない」「こうしなければならない」というように、善への執着も業をつくります。善にとらわれると四角四面な心になってきます。悪にとらわれれば、人から嫌われます。

要するに業とは、五官六根にもとづく執着の想念がつくり出した黒い循環の想念――観念、換言すれば、とらわれた心、これを業というのです。

このために、善にしろ、悪にしろ、業をつくってゆきますと、それにひきまわされます。

悪いと知りつつ悪を犯してしまう。人の意見が正しいと思っても、その意見にあえてさからい、逆な方向に自分を持っていってしまいます。奇癖、頑固、優柔不断など、すべて、業の作用であります。

業想念というのは、地上の相対観念に自分の意識、魂がふりまわされている状態をいいます。金は絶対であり、生命の次に大事なもの、地位が高ければ尊敬される、働くのはバカバカしい、人生は面白おかしく過ごすほうが得だ……、といったようにです。したがって業想念は、やがて業をつくってゆき、来世に生まれてもその業にひきずられる要因を生み出してゆきます。

業にしろ、業想念にしろ、私たちは、大なり小なりその影響をうけながら生活しており、転生輪廻を続けているというのが現実の姿です。

そこでこうした業からぬけ出すにはどうすればよいでしょうか。中道にそった想念行為をすれば、多くのとらわれから離れることができます。とらわれが多ければ悩みも多いはずです。悩みが多ければ人生は灰色になってくるでしょう。心に安らぎは出てきません。真の安らぎは執着心から離れたときに生まれてくるものだからです。いっさいの執着を去った姿を、涅槃寂静《ねはんじゃくじょう》ともいい、これは、釈迦の解脱の境涯をいうのであります。
相対的な業想念にふりまわされず、中道にそう生活に意をそそぎ、安らぎのある自分をつくってゆきたいものです。

易、占い

問 易、占いと、正法（正しい秩序、正しい法）との関係を、どのように理解したらいいものか、説明して下さい。

答 易、占いと、正法とはまったく関係がない、ということをまずお断りしておきます。易とか占いはどのようにして生まれたか、といえば、その願いは、人間の幸せを求めるためだったと思います。人にはそれぞれ運、不運があり、明日の生命すらわからないのですから、易や占いによって、開運と過ち少ない人生を送りたい、と願うのは、人情であり、仕方のないことだろうと思います。

しかし、易、占いは、もともと、過去の統計を基礎にして作り上げられたもののようであり、これを見立てる人の条件と、相手によって、その結果が違ってくるようです。そのために、確率七分というような平均値がでてくるようです。もっとも人によっては、外れたことはない、と自信を持たれる方もあるようですが、しかし当たり外れがあること自体が、易、占いの限界を示すと同時に、易、占いが現世のみを基本において「ものを見立てる」ことにも、その原因があります。

人が現世に在るのは、前世があるからであり、転生輪廻の歴史があるわけです。したがって、この事実を知らず、過去世を考慮せずに、現世の運、不運のみを見立てようとするところに無理があるのです。

人の一生が、こうした占いや生年月日、姓名判断などによって決められ、あるいは変えられるとすれば、いったい人は何のために生まれてきたのか判断に迷います。ことに占いの目的が、人間の幸福を求めることはよいとしても、不幸をさけ、常に安楽のみを追求するとすれば、問題は非常に大きいのです。

正法からみた人生航路は、魂の修行であります。己の魂を磨き、苦楽の執着から遠離《おんり》し、神の子の自覚と、地上に仏国土をつくるためのものです。正法を信ずるならば、こうした易や占いには、迷ってはならないと思います。なぜかといいますと、正法は、易、占いを超えてゆくものであるからです。

「今月の方位は西南であって、東は鬼門に当たる。今年は厄年だから、静かにしていよう。星占いからみた生年月日は青信号だから、やりたいことをしよう」といった具合に、人が動くとすれば、占いは自己保存をつくり上げ、開運の名の下に、人は多くの執着を心の中にさらに育て上げてゆくことでしょう。

人間の一生は平坦ではありません。山あり、谷ありで、でき得れば難をさけたいという思いは当然です。何も好んで難をうける必要はないからです。しかし、だからといって、開運に執着しますと、今度は不自由な人間ができ上ります。「ああしてはいけない」「こうしてはいけない」では、そのうちに開運のための占いが不運を招く原因をつくってゆくでしょう。

人の目的が魂の修行とするなら、生年月日、易、占いで〝悪い〟という結果が出ていても、必要があればあえて決行しなければならないこともあるわけです。それを恐れては魂の練磨はできません。そして、幸運なときよりも不運のときこそ、そのチャンスのはずだからです。

正法には現証がつきものです。正法を行じ、反省と正道の生活を送るならば、神はその者を決して見捨てることはないでしょう。その不運を、楽々と乗り越えられるようになるはずでしょう。正法者は勇気ある人でありたいものです。

自殺

問 昔から生恥《いきはじ》をさらすよりは、死を選ぶことを潔《いさぎよ》しとする考え方がありますが、自殺の悪について説明して下さい。

答 人間の目的は仏国土、ユートピアの建設です。あの世からこの世に生まれるときは、百人が百人、こんどこそ自分の業（カルマ）を修正し、この世を調和すると決意して出生します。

ところが地上の大気に触れ、この世の環境に染まってゆくうちに、こうした目的を忘れ、自己保存の想念に支配されてゆきます。

自殺の心理は、その極点に近いものです。いうなれば自己保存の自意識が過剰なために、自らそうした行為に追い込んでゆくからです。

自殺は調和という神の目的から、大きく外れた行為であり、神にたいする冒涜、反逆であって、人間否定を意味します。ですから悪のうちでも、自殺は最悪の部類にはいります。

日本の武士道は、名を惜しみ、死に対しては恬淡《てんたん》、生をあまり重要視していなかったようです。生恥をさらすぐらいなら、潔く死んだ方が価値ある生き方とみられていたようです。しかし武士道とはそもそも何か、名とは何かを追究してゆきますと、自己保存につき当たり、それから越えることが出来ません。死によって自我を生かす、死によって安楽を願う我欲と自意識の過剰が、そうした思想を生み、行為に走らせたとしかいいようがありません。思想や主義におぼれ、種族や家の繁栄のみを願う行為は、人類とか、平和といった視野から眺めますと、狭量のそしりをまぬがれないと思います。

自殺も、さまざまな内容を伴い、各種にわかれています。戦争という異常事態における自殺（例えば特攻隊）もあれば、客観的に説明できない自殺もあります。家族の迷惑を考え、ひと思いに生命を絶ってゆく療養生活の長い老人。形はどうあれ、いちばん問題なのは、本人のそのときの想念の在り方にありますが、しかし、客観的に、私ならこうするという余地の残されている自殺は、もっとも悪い結果になります。

自殺者の死後の世界は暗黒地獄です。一寸先もわからない穴倉のようなところに閉じ込められての苦しみの連続です。鼓膜が破裂しそうな轟音が鳴り響くところとか、得体の知れぬ生物が意識のなかに入り込んでかきむしります。頭痛や幻想に襲われても、この世では麻酔や疲労が救いになって眠ることが出来ますが、暗黒地獄ではそれが出来ません。意識だけはハッキリしており、それでいて真暗ですから自分の体がどこにあるのかもわかりません。

自殺は「光」を否定した想念ですから、こうした暗黒界に自らを引き込み、客観的に説明のできない自殺は、その苦しみが長期にわたります。夢々、こうした想念に支配されないようにしたいものです。

生命の仕組

問 人間の生命（魂）は本体一、分身五の六体から成り立っているといいますが、では人間以外の動物、植物、鉱物の場合はどうなっているのですか。また転生輪廻はどういう順序で行なわれるのですか。

答 本体、分身の関係は、何も人間だけに限らず、動、植、鉱物全部についていえるのです。人間を含めた動、植、鉱物の物理的な見分け方をまず説明しますと、動物の場合は、細胞の要素が大きく分けて六つに分類されます。

核、原形質膜、ミトコンドリア、ゴルジ体、中心体、脂肪粒の六つ。この六つの要素がたがいに補い合って細胞という組織をつくっています。この細胞の六つの要素が、いうなれば、本体一（核）、分身五（原形質膜、ミトコンドリア、ゴルジ体、中心体、脂肪粒）の構成になります。ですから人間以外の動物についても細胞がこのように分かれる場合は、一本体、五分身ということになります。

植物もこの例にそって、核（本体一）があり、そうしてその周囲に原形質膜、液胞、色素体、細胞膜（分身四）の五つから構成されます。ですから植物は動物よりも一つだけ構成要素が少ないことになります。

鉱物の場合は、原子番号に核を加えた数が本体、分身の数になります。たとえば炭素の原子番号は六です。六とは核外電子の数。これに核の一つを加えると七となります。つまり本体一、分身六の関係になります。このようにして、水素は二、金は八〇、銀四八、塩素一八、亜鉛三一、鉄二七、銅三〇、が本体、分身数を合わせた数となります。

このように、物質の構成は、そのモトである生命の構成にしたがって形作られているわけです。

形の世界は心の反映であり、このため、本体、分身の関係も、生命の組織をそのまま、形の上に反映し、細胞も、素粒子の世界も同じような姿になって現れるものなのです。

不思議といえば不思議ですが、生命と物質というものは、そのように出来ています。

色心不二は、物質と生命について探究すると、科学的にも理解されてくるでしょう。

太陽系のそれも、太陽（核）と惑星（分身）が相互に作用し合っています。そうしてその体を成しています。一つでも欠けたら太陽系は崩壊してしまいます。

魂の転生輪廻はそれではどういう順序で行なわれるかといえば、原則的には順ぐりです。Aが出れば次がB、Bの次はCというように、A（核）BCDEF（分身）が順次、現象界に出て修行する、というのが原則です。ただし転生輪廻の過程で修行を積む者と、横道にそれてしまう者もあって、全体のバランスを崩すことがあるので、そうした場合は、あの世で話し合い、前記の原則にこだわらず短期間に二度、三度と現象界に出て修行することもあります。しかしこういう場合は比較的少なく、大半は順ぐりに現象界に出て修行することになるわけです。

他力と自力

問 人間が心を知るためには、それぞれ流儀があって、昔から他力、自力の行じ方があるようですが、正法を己のものとするための、調和の絶対自力という意味はどういうことなのですか。

答　まず、他力について述べてみましょう。他力とは、文字通り他の力を借りて心を知ろうとする行法です。法然、親鸞が説いたゆき方です。当時の時代的背景というもの、また、仏教を大衆に知ってもらうためには、他力的信仰を説かなければ人びとはついてこられませんでした。文盲が九割以上を占めた時代であり、人びとの心は阿修羅に支配されていましたから、その心を正常に戻すためには他力による行法しか方法がなかったようです。

では、今日この行法でいいかといいますと、他力は文字通り他人まかせですから自分をきびしくみつめることができなくなり、自己陶酔におちいる危険性があるのです。日蓮が南無阿弥陀仏の念仏行は無間地獄に堕ちると批難した理由もそこにあります。自己満足は、心の魔に支配された姿であり、神仏の子である自覚からおよそかけ離れたものになってしまうからです。

では、自力はどうか、禅宗などにみられる自力、つまり自分の力で悟ろうとするゆき方ですが、このこと自体問題はありません。問題は僧房の中で座禅を組むこと自体が目的となるおそれがあることであり、座禅のみでは、人は絶対に悟ることはできないということです。釈迦は、六年の苦行を捨てることによって大悟されました。もちろん、大悟の前提としての六年の苦行は、後世の人たちに多くの示唆を与えましたが、これをみて、座禅は至高とみるのは間違いです。それは正法を理解し、行なって座禅を組むならいいのですが、そうでない場合は、こちらは、自己慢心という、これまた心の魔に侵されるからです。

日蓮はここでも禅天魔という表現をつかって、僧房での修行をいましめています。自己慢心は己自身を失うばかりか、人をも傷つけ、慈悲と愛という神の心から離れてしまうからです。

正法とは、こうした枠の中にあるのではなく、日常生活そのものなのです。僧房での修行は、正法を悟る一過程にすぎません。座禅は日常生活を生かすための方法でしかないからです。

では、最後に、正法にそった調和の絶対自力とはどういうものか。まず自力と絶対自力を分けた理由をいいますと、自力は自我（自己保存）に執着したものであり、絶対自力は神仏の子としての自覚によったものだからです。神仏の子とは、慈悲と愛だけです。慈悲と愛にもとる心にたいしては、私たちは反省という機会を通してこれを修正し、日常生活の中に、少しでも慈悲と愛の心を生かしてゆこうというものです。

釈迦の正法が絶対自力を説かれるゆえんのものは、人間の心が宇宙即我――につきるからです。人間は万物の霊長として、みな等しく、宇宙即我を悟る権能が与えられており、宇宙即我の心から離れた想念行為が、今日の自分自身をつくっていますので、それをもとへ戻すには他人ではなく、自分自身がその気にならなければならないというわけです。そうして、その自分自身が正しく己の心をみるために、反省という機会があり、反省のモノサシが慈悲と愛ということになるのです。そうして、日々の生活が、常に中道を保つように、努力するところに悟りがあるのです。なお絶対自力という名称は、通常の自力と区別するためにつけたものです。

騙《だま》す

問　私は現在商売をしています。正法は慈悲と愛が基本だから、たとえ相手がこちらを騙そうということがわかっても、それを許し、騙されなければならないものなのですか。

答　現実の私たちの社会は、資本主義と個人主義の両立のうえに成り立っています。まずこの現実を認識する必要があるでしょう。そこで商人は、金を儲けることが商売です。相手がこちらを騙そうとしていることがわかったならば、取引をやめるより方法がないでしょう。相手が騙そうということがわからず大いに儲かると思って取引をして大損をした場合、少なくとも、こちらはそれによって、それ以上の利益があると見て取引をしたのだから、文句のいいようがないはずです。損をしないように、利益が上がるように商売をするのが商人でしょう。正法は、現実の商売を損をしてまでも慈悲と愛で行なえとはいっていません。

大事なことは、あがった利益をどう使うか、どう処置してゆくかによって、その人の価値が定まってきます。もし正法を信じているならば家族や従業員が安心して生活できるように、そのあがった利益をまず近くで困っている者から救い上げてゆくように使うでしょう。兄弟、隣人、社会に還元してゆくことこそ、正法者の在り方です。

もし、騙されているとわかっても、それも慈悲と愛があるから当然であると、腰をすえてかかれるあなたでしたら、それはそれで結構です。少なくとも、騙されることによって、心になんの抵抗も感ぜず、超然としていられるならば……。しかし、あなたはよくても、家族の生活、そして商売そのものが立ちゆかなくなったら、あなたは、どう生活してゆきますか。これは慈悲でも、愛でもなく、無責任ということになりませんか……。

少なくとも、こういう状態で、超然としていられる人は、気がふれているといわざるを得ません。またそういう形では、心に抵抗が残るはずです。割り切れないはずです。騙す方も、もともと騙そうと思って取引しているのですから、人を騙すというカルマをつけることになるでしょう。これでは双方に傷がつきます。

慈悲、愛の根本は、悲しみをとりのぞき、喜びを分かち合う、扶《たす》け合う、補い合うということです。それも、自ら助ける心のない人には、手のほどこしようがありません。人を騙そうという悪の心を抱く者は、自らを助ける心のない人です。愛の心は通用しません。カルマをつけるだけなら、こうした盲愛はさけた方がいいということになりませんか……。

八正道を実践し、正法が身についてきますと、相手の心がわかってきます。騙そうという人が、かりに、目の前に現れたとします。すると、静かに、その人から離れます。相手によっては、あえて、騙されることもします。騙されることによって、騙したことの自責の念を感じる人にたいしてです。

もう一つ大事なことは、騙される、ということがわからず騙された場合は、これは自分のどこかに欠陥があったからです。たとえば欲得があった、別の相手に損害を与えていた、人を泣かせたことがあった、というように、何かしらのカルマが自分にある場合は、騙された、という結果を招くことがあります。人間は、カルマのない者は一人もいません。したがって、誰も責めることはできませんが、正法からいいますと、自分にないものは、決して現象化はしないということなのです。

ウソと方便

問　ウソと方便、お世辞の違いについて、説明して下さい。世間ではこの両者を適当に使いわけ、迷ってしまいます。

答　ウソは自己保存です。自分の都合から出てくるものです。方便とは、一時の手段であり、そうした方がいい、と客観的にみて判断されたときに使われます。

ウソも方便と、よくいわれますが、方便を使う場合は、相手の心を察して、相手を生かすときにして欲しいものです。自分の欲得で方便を使っていますと、方便だか、ウソだか区別がつかなくなってきます。

ヴィクトル・ユーゴーの『ああ無情』という有名な小説があり、その中でこういうくだりがあります。主人公のジャン・バルジャンは、教会の司教の厚意を踏みにじり、教会の大事な銀の食器を盗む。ところが彼のみすぼらしい服装と食器の不釣合から憲兵にとがめられ、憲兵は司教のところへ彼を突き出します。彼は捕まると、司教からもらったものだと憲兵にいい張ったからです。司教は銀の食器とジャン・バルジャンの顔をしばらく見ていましたが、憲兵に向かって、はっきりといいました。この品はこの人にあげたものです、盗まれたものではありません、と。司教のこのひと言で自由の身になったジャン・バルジャンは、生まれてはじめて、人の愛にふれ、真人間になることを誓ったのです。それまでの彼はならず者で、このため何回となく投獄と脱獄を繰り返し、今度も出獄して腹を減らしているところを、司教に助けられ、食べ物にありついたのでした。ところが腹がいっぱいになると、その司教の目をかすめ、盗みを働いたのです。

もしここで、司教が事実をそのまま憲兵にいっていれば、ジャン・バルジャンの物語はなかったでしょう。司教の愛の一事によって、彼は生まれ変わり、その後、多くの人びとを救っていったのです。

このように、方便は、相手を生かすときに、大きな働きをします。

釈迦の説法には、方便が非常に多いのもこのためといっていいでしょう。

ですからウソと方便は、本質的にその内容が違いますし、その根本が、自己保存か、相手を生かしたものかによって分かれてくるでしょう。

次に、お世辞というのはウソに近いもので、これも自己保存からくるものでしょう。お世辞は実質以上に相手を持ち上げます。したがってこの意味からするとお世辞は相手をだまし、自分を偽るものといえるでしょう。しかし、この世はいろいろな魂の集まった集団社会です。お世辞は自己保存だからよくないとはいえ、真正直に、何でもかんでも、そのまま伝え、愛想がないとすれば、初対面の人だったら戸惑うこともあるでしょう。礼の一つとしてお世辞や愛想は対人関係をスムーズに運ぶために欠かせないものと思います。要は、限度を守って、節度を保つならば、お世辞の一つや二つあってもいいと思います。

正法は中道であり、要は自分を失わないことです。

念力と祈り

問 他力信仰の指導者がある本で次のように述べていました。「念力と真実の祈りとの区別のわからない宗教者はかなり多いのであります。念力とは、想い、すなわち想念や思念の力であって神とは直接関係のない力なのであり、祈りとは生命（神）を宣り出す方法、つまり、自己の生命の働きを、神の生命として宣言し、真直ぐに発顕することなのです」と。また、祈りはきかれますか、念力と祈りの違いを教えて下さい。

答 念力も祈りも、ともに想念の働きです。想念は、エネルギーという電磁的波動に乗って生まれるものです。思う、考える力は、神から与えられたエネルギーであるからです。

さて念力は一口にいって我欲の想念であり、祈りは神の生命の宣言だとしていますが、人間の本当の姿を知ると、言葉の持つ意味にとらわれることの無意味さを悟ります。

大宇宙は神が創造したものです。光あれといって光をつくり、海をつくり、草木をつくり、人間をつくりました。これは神の一念によるものです。

人間は神の子です。その証拠に、自分にウソはつけません。またこの地上にユートピアを創造してゆく力を与えられています。文明文化は人間の一念の産物です。

問題は、その一念に、人間は、我欲を上乗せして生活している、という実態です。だから、念力は我欲のそれだという風にみられてきたわけです。しかし、念力のエネルギーは、神の子の創造力を意味し、したがって本来は、その念力を「正念」として使わなければならないものです。だから、八正道の一つに「正念」が入っているわけです。

ところで、人間はこの地上に生まれると十パーセントの表面意識で生活するため、一寸先さえわかりません。このため、神の子の自覚を求める姿勢、神への郷愁、神への感謝が、祈りという形式をとってきたのです。

本当の祈りは「真心」の発露であり、「反省」であり、そうして、それにもとづく行為であり、神との対話を意味します。真心のない祈りは、神に通じません。反省と行為のない祈りも、神はきいてくれません。祈りが高まると守護・指導霊との対話が可能になります。アラハン（阿羅漢）の境地にまで心が高まると、こうしたことが実際に出来るようになるのです。これまでの考えは、祈れば救われる、拝めば何でもかなえられるといわれてきましたが、そんなことはないのです。

まず、人間は、神の子であり、したがって、正念を持って、その調和をはかり、環境を調和してゆくものです。またそうすると、神は、祈らなくても、その人を守ってくれます。本来そういうものです。

念力は我欲、祈りは神の生命の宣言と、観念的に片づけられては困ります。また、想念の意味についても、言葉のアヤで解釈されては誤解を招きます。この点を、しっかり心に入れておいて下さい。

自由とは

問 自由とは本来どういうことをいいますか、また社会生活と自由の考え方について説明して下さい。

答　一念三千の言葉のように、人の心は三千世界、つまり自由自在、そうして無限の大きさと広さを持っているものです。

あの世の光の天使たちは、そうした自由な心を持っていますから、どこへ行くにも自由に飛び回ることが出来ます。心にとらわれが多いと、こうした自由さは行使出来ず、地獄という世界で苦しむことになります。

自由とは本来、心の自由、あの世の天使たちの自由さであり、それは人間本来の心の姿をいったものです。

ところがそうした心の自由を持つ人間が、一度肉体という衣を着ると、不自由になってきます。心の中で、ああしたい、こうしたいと思っても、体の方がいうことをきかない。

海の上を歩いてみたい、早く走りたい、空を飛んでみたい、遠くの人と話をしてみたい、と思っても、それは出来ません。そこで、その要求を満たすために、人間はいろいろと考え、船を発明し、自動車をつくり、飛行機をとばし、電話を考案してきました。つまり、肉体という不自由さを、こうしたさまざまな乗り物や、機器を発明することによって、少しでも緩和し、自由さを取り戻したいと考え続けてきたわけです。いうなれば、あの世の体験を、この世で現しつつあるといってもいいでしょう。

しかし肉体という衣を着ると、肉体を通しての自由さは、普通では不可能に近くなってきます。肉体と心が分離出来る人は、心の自由さを知ることが出来ます。俗にいう幽体離脱というもので、心と魂が肉体から離れ、海の上でもどんな山でも、乗り越えて他の天体に遊泳することも可能です。しかし、ふつうはそれは出来ません。同時に、心と肉体が一つのときは、肉体世界（三次元）のルールにしたがっているため、それは不可能なのです。

にもかかわらず、人は肉体の自由を求めようとします。思想の自由、言論の自由からはじまって、何もかも自由に結びつけてきます。そうすると、この世の中は混乱してきます。現象界は、万事は三次元的に出来ていますから、三次元のルールを外すと、苦しみが生まれてくるのです。

三次元のルールとは中道という片寄りのない生活の基本です。このルールが崩れてくると、作用・反作用の法則が大きく振幅し、さまざまな障害が現れてきます。人びとの悲しみ苦しみは、こうしたルールを踏み外した生活行為と、心と肉体の関係を理解していないがためにおこるのです。

心の自由さは四次元以上の世界なのです。したがって、肉体を持つかぎりは、中道という秩序にしたがい、そうして心の自由さ、心の尊厳さを認め合いながら生きてゆかなければならないのです。

ここに私たちの心の修行があり、中道という正法の大きな意義があるのです。

第五章　祈りの意義と祈願文

祈りは人間に与えられた神の慈悲である。しかし我欲の願いは己の心を汚し、自分を失う。つとめて祈るとき、神は惜しみない光を与えてくれよう。

天と地のかけ橋

いったい祈りというものは、どのような精神的過程を通って発生したものなのでしょうか。

それは、人間が肉体を持ち、あの世、天上界（実在界）から地上に生をうけたときからはじまります。

魂のふるさとである天上界では、〝祈り〟は即行為で、祈りそのものが行為になっているので、ことさらに、祈らなくてもいいのです。思うこと、考えることは、それはそのまま祈りの行為となって、神仏と調和しているからです。ところが、人間は肉体を持つと、こうした全なる心、行為を忘れ、自我に生きようとする。五官に左右され、六根にその身を、心を、まかせてしまいます。すると、煩悩という迷いに、己自身を埋没させ、どうにもならなくなってしまいます。

苦しいときの神だのみと、よく人はいいます。これは煩悩にふりまわされた人間が、最後に求めるものは、己自身の魂のふるさとであり、ふるさとこそ、救いの手をさしのべてくれる己自身であるということを、無意識のうちに知っているからにほかなりません。助けを求める自分と、救いの側に立つ自分は、ともに一つですが、救いの側に立っている自分は、『心行』の中に述べている潜在意識層の守護・指導霊であります。本当に、その人が煩悩にふりまわされた自分を反省し、どうぞ助けて下さいと、祈ったときは、潜在意識層の守護・指導霊が助けます。守護・指導霊に力がない場合は、より次元の高い天使が慈悲と愛の手をさしのべてくれます。

このように、「祈り」というものは、自分の魂のふるさとを思いおこす想念です。同時に、反省という、自分をあらためて見直す立場に立った「祈り」でないと、本当は、あまり意味がないし、救いにならないということです。

苦しいから助けてくれ、というだけでは、愛の手は、さしのべられません。なぜかといいますと、今の自分の運命は、自分自身がつくり出したものだからです。それは、誰の責任でもありません。自分自身の責任なのです。

人間は神の子であり、神の子に反した行為はその分量だけ、償うことが神の子としての摂理です。反省し、ざんげして祈るときは、神仏は慈悲と愛を与えてくれます。過ちは、人間にはさけられないからです。

祈りというものは、このように、肉体を持った人間の、神仏を思い起こす想念として発生したものです。

聖書の中に、「汝《なんじ》信仰あり、我行為あり」という言葉が随所に出てきます。これは、単なる祈りでは意味がない、行為で示せということです。祈りは、行為にまで発展させなければ、真の祈りにまで、高めることは出来ません。

また祈りは、神の子の自分を自覚したその心、その感謝の気持が〝祈り〟となるのです。

現在与えられた環境、境遇というものは、神が与えてくれた最良の己自身の魂の修行場であり、ここを通らずして、魂の向上はあり得ないとする自覚、感謝の心が天に向かったときに、祈りとなって、ほとばしるのです。人間は、所詮、神にはなれません。したがって、神仏の加護と人びとの協力なくしては、いっときといえども生きてゆけません。自分の運命を天命として、その使命をこの世で果たすためには、人間は祈らずにはいられないものです。

こうみてまいりますと、〝祈り〟には、段階があり、同じ祈りにしても、各人の心の調和度によって、かなりの相違があるといえます。

しかし、祈りの本質というものは変わりません。

その本質とは、祈りは、天と地をつなぐ光のかけ橋であること。したがって神仏との対話であるということ。

人が祈るときは、天と地をつなぐ光のかけ橋がかけられることになります。

ただしこのかけ橋は、各人の心の調和度によって、大きくもなり、小さくもなり、太くもなり、細くもなるものなのです。

祈願文

祈りとは、神仏の心と、己の心の対話である。同時に、感謝の心が、祈りでもある。神理にかなう祈り心で実践に移るとき、神仏の光は我が心身に燦然とかがやき、安らぎと調和を与えずにはおかない。(前文)

一、大宇宙大神霊（神）仏よ
我が心に光をお与え下さい
心に安らぎをお与え下さい
心行を己の糧として
日々の生活をします
　（己の心に一日の反省をする）
日々のご指導　心から感謝します
一、天上界の諸如来　諸菩薩（光の天使）
我が心に光をお与え下さい
心に安らぎをお与え下さい
心行を己の糧として
日々の生活をします
日々のご指導　心から感謝します
一、天上界の諸天善神

我が心に光をお与え下さい
心に安らぎをお与え下さい
我が心を正し　一切の魔よりお守り下さい
日々のご指導　心から感謝します
一、我が心の中にまします守護・指導霊よ
我が心を正しくお導き下さい
心に安らぎをお与え下さい
日々のご指導　心から感謝します
一、万生万物
我が現象界の修行にご協力
心から感謝します
一、先祖代々の諸霊
我に修行の体をお与え下さいまして
心から感謝します

諸霊の冥福を心から供養致します
（心行の供養）

祈りは行為

祈願文について説明しましょう。

祈願文は、以上のように六章から成っています。このうち、一章から四章までが、「心」について、五、六章が、「肉体」について、書いたものです。

それゆえ、祈願文では、心と肉体、宇宙と人間の関係を、もっとも短かい言葉で表現し、神仏と、己の魂との一体化、己自身と守護・指導霊の調和をはかる、もっとも身近な想念であり、魂の叫びでもあります。

またこれを唱えるとき、人は、各人の心の調和度によって調和され、その心を行為に移すときは、心の調和はいっそう高まってゆきます。まず第一章をあげてみましょう。

大宇宙大神霊（神）仏よ

我が心に光をお与え下さい
心に安らぎをお与え下さい
心行を己の糧として
日々の生活をします
（己の心に一日の反省をする）

さて、ここまでの第一章は、大宇宙の全なる大神霊にたいして光と安らぎを求めています。

大宇宙は、人類発祥の母体であり、大宇宙なくして、我々は存在いたしませんので、発祥の母体に、まず光を求めます。

すると、その光は、各人の心の調和度にしたがって与えられるのです。

心から唱えますと、心に安らぎを覚えます。安らぎは、各人の魂、意識に光が伝わってくるためにおこる現象です。

光をいただいた魂は、大宇宙の正法の生活こそ、宇宙の法に適うものですから、宇宙の経典、人間の経典である『心行』にもとづいた生活を送りますと、最後の節で宣言す

るのです。この宣言が、ひじょうに大事なところです。

普通、祈りというと、お願いごとで終わる場合が多いようです。お願いすればなんでも適えられると思いがちです。これは、人間の弱さ、もろさからくる迷いです。神と人間を切り離した迷信からくる自己満足です。

祈りというものは、人間が神の子としての自覚と、それへの感謝の心が湧き上がってくるときにおこる、人間本来の心であり、そうした感情が湧き上がってくれば、当然、これにもとづいた行為というものがなければならないはずです。

祈りの根本は感謝であり、その感謝の心は、行為となるものでなければ本物とはなりえません。

大宇宙大神霊の光を求めると同時に、『心行』を己の糧として日々の生活をします、と唱えるのも、こういう理由からです。

また真の調和は、己の心を信じ、行なうことにあります。そうして、信じて行なう過程に、〝祈り〟というものがあるのです。

正しいと思っても、間違いを犯すのが人間、善なる行為と信じても、相手のうけとり

方いかんでは、不善の場合があるかも知れません。

人間の想念、行為というものには、これが絶対正しいと自分では思っても、そうでない場合がひじょうに多いのです。

そこで、人間は、神仏の偉大な救いを求め、その求めた中から生活するように心がけることが大事であり、救いも、またそこから生まれてくるものです。

「日々のご指導　心から感謝します」

祈願文第一章の最後の節は、こう結んでいます。

日々のご指導……ということは、太陽が東から昇り、西に没する、春夏秋冬の転生輪廻、植物の生態、動物たちの生活……こうした姿というものは、われわれ人間にたいして無言のうちに正法の実態、実相というものを教えています。人はパンのみにて生きるものに非ず、まず自然の姿、人間の存在というものを静かにふりかえるときに、そこに、大宇宙大自然の計らいというものを人間は知ることが出来るでしょう。

自然の日々の教えにたいして、われわれ人間は心から感謝の気持が湧き上がり、その心が第一章の最後の節となるのです。

第二章は、神の命をうけた上々段階、あるいは上段階・光の天使に、光を求め感謝することの祈りです。

すなわち、二章の祈願文をあげると次のとおりです。

天上界の諸如来　諸菩薩（光の天使）
我が心に光をお与え下さい
心に安らぎをお与え下さい
心行を己の糧として
日々の生活をします
日々のご指導　心から感謝します

諸如来、諸菩薩は、あの世とこの世を善導する光の使者です。

私たち人間にとって、一番身近に感じ、救いの手をさしのべてくれるのが光の天使です。

人間が迷いの淵に立たされたとき、決断を迫られたとき、あるいは病床の中にあって、心を新たにし、反省し、祈るときには、これらの天使がその人の魂、意識に光を投げ与え、その人を救ってくれます。

人は誰しも転生輪廻の過程のなかで、こうした天使と接触を持っており、したがって救いはどんな人間にも与えられているのです。

縁なき衆生救い難し……という言葉がありますが、本当は、縁なき衆生というものは、一人もいないのです。この意味は、今世で救われる者と、そうでない来世、再来世でなければ光のかけ橋にのぼれない人もあるので、今世と限定したときにこうした感慨がでてくるわけです。魂の遍歴というものは外見では決してわかるものではありません。前世、過去世、あの世の生活、とひと言でいえば簡単ですが、実は、過去世とあの世というものは、人間が想像する以上に、複雑であり、魂によっては今世でどうすることもできない場合もあるのです。

しかし、本来人間はみんな神の子、仏の子ですから、反省するときには光の天使の救いをうけるのです。

この意味で、第二章を唱えたときは、上々段階・光の大指導霊の光をはじめ、諸如来、諸菩薩の光が伝わってくるのです。

諸天善神の加護

第三章は、諸天善神の加護を求める祈りです。

天上界の諸天善神
我が心に光をお与え下さい
心に安らぎをお与え下さい
我が心を正し　一切の魔よりお守り下さい
日々のご指導　心から感謝します

諸天善神とは、人間の魂を悪魔から守るいわば法の番人です。心が正しく、慈悲と愛の心を失わず、調和の生活を送っている人たちにたいして、これらの天使は、いつでもどこにいても守ってくれます。

諸天善神にはどのようなものがあるかといいますと、不動明王、摩利支天、八大竜王、大黒天、稲荷大明神などといったものがあります。

不動明王――心の正しき者を守護する天使。
摩利支天――心の正しき者が過ちを犯さぬように善導してくださる天使。

八大竜王――心の正しき人を守ると同時に、人間以外の一切の生物を統轄管理し、生物相互の生存に必要な措置を講じてゆく天使。

大黒天――光の天使を側面から応援する。また心の正しき者への経済援助と社会の円滑な運営をはかってゆく天使。

稲荷大明神――光の天使の命にもとづき、あらゆる情報を収集し、また正しき者を助けてゆく天使。その方法手段は、ある特定の動物霊を導き神理を教え、その動物霊を手足のように使う。

このように、諸天善神は、光の天使の活動がしやすいように、その行動を側面から応援してゆくと同時に、心の正しき者の味方となって、あの世における人間の意識界と、現実の地上世界の両面にわたって、働いている天使たちです。

諸天善神は、光の天使になるための修行の場であり、役柄です。しかし、如来、菩薩をも救う力が与えられています。

人間は所詮、神仏にはなれません。過ちを犯し、これをさけられぬのも人間であるとすれば、諸天善神の助けをかり、その救いにたいして、感謝し報恩するのは当然でしょう。

守護・指導霊への祈り

我が心の中にましますます守護・指導霊よ
我が心を正しくお導き下さい
心に安らぎをお与え下さい
日々のご指導　心から感謝します

第四章の祈りは、私たちの潜在意識層に在る私たちの本体あるいは分身にたいしてです。その本体、分身が、守護霊となり、指導霊となって、現象界に出ているその人の一生を見守り、魂の向上のためにあらゆる努力を払っています。

ここで、守護霊、指導霊について若干の説明を加えますと、まず守護霊はその人の魂の兄弟（本体一人、分身五人から成る）の一人が、ほとんど専属的について守っている霊です。したがって、ある人の五十年の歴史（想念行為）を調べようとするならば、その人の守護霊からきけばすぐわかります。この場合ききだすこちらの意識が相手方より低いと、それは不可能になります。あの世の意識界では、自分の意識より下位のものは見えても、上位の者をのぞくことはできないからです。

指導霊は、主として、その人の職業なり、現象界での目的使命にたいして、その方向を誤らせないよう示唆を与えてくれる魂の友人あるいは先輩です。たとえば、医者として過去世に経験のない者が今世で医者となった場合、その人の心の調和度によって、より高級な指導霊がついて示唆を与えてくれるのです。

また人によっては、守護霊と指導霊を兼ねてその人を守り、指導している者もいます。

ともかくこのように、私たち現象界の人間にとって、いちばん身近にいる魂の兄弟たちに、常に感謝し、「祈り」という調和された想念と行為を怠らないならば、その人の一生は、真に、安らぎのあるものとなるでしょう。反対に不調和ですと、守護霊はその人を守ることができず、これが長期にわたると不幸を招くことになります。

自然への感謝

これまで述べてきました一章から四章までの祈願文の内容は、宇宙の心と人間の心とを結ぶ祈りです。人間は、心と肉体とから構成されていますが、そのもっとも重要なのは、各人の心です。心が素直に、のびやかに、自由自在でなければならないのに、先天的、後天的因果によって、その円満さを欠き、性格がいびつになっています。それを修正し、もとのまるい心にするために、四章までの祈り、その祈り心にもとづいた実践行為によって、人の心は、次第に修正されてくるのです。

いうならば、四章までの祈りは、天と地をつなぐ光のかけ橋です。

第五章は、肉体維持に協力される動、植、鉱物にたいする感謝の祈りです。

万生万物
我が現象界の修行にご協力
心から感謝します

私たち人間は、五体という肉体を持っています。肉体のない人間、これはあの世の人であります。あの世の人は、光子体という肉体と異なるボディーを身にまといますが、この世は、原子細胞からできた肉体という舟に乗って人生航路を舟出しています。舟を浮かべる水、燃料、太陽の光が必要です。この地上は、私たちの肉体保全のために、あらゆる素材を無料で与えてくれています。もしも、この地上に、私たちの生存に必要な食べ物、水、太陽の光が与えられていないとするならば、私たちはこの世に出ることも、生きてゆくこともできないはずです。科学の進歩によって、太陽光線を人工的に創り出すことが、かりにできたとしても、その素材は大自然から求めてこなければなりません。つまり肉体維持に必要な素材は、すべて、大自然から与えられているということを悟ることです。

万生万物にたいして感謝し、万生万物をいつくしむ心、これが五章の祈りです。

先祖にたいする感謝

第六章の祈りは、先祖代々にたいする感謝と供養です。

先祖代々の諸霊
我に修行の体をお与え下さいまして
心から感謝します
諸霊の冥福を心から供養いたします

現在、こうして肉体が与えられ、千年に一度、二千年に一度しか出てこれない現象界に在るというのも、もとをただせば先祖の、たゆまざる調和への努力の結果です。

したがって、先祖にたいして心から感謝するのは人間として当然の義務です。義務とは供養を意味します。供養とは、調和への行為です。感謝の心は、調和への行為となって、はじめて循環され、己も、そして先祖の諸霊も神の光をうけることができるのです。

この世の人が調和されるとあの世も調和されます。あの世の人はあの世の環境に安住しがちであり、向上は容易でありません。これは自分が住んでいる下位の世界は見ることはできても、上位の世界をのぞくことができないからです。そこで先祖の諸霊は、ときおり子孫の家庭を見にきます。そして、家庭内が争いや不調和に満ちていますと、地獄霊の場合は、その環境が苦しいために、家族に憑依し、苦しみからのがれようとします。家庭内はいっそう不調和になります。家庭が調和されておれば、おかれている環境、想念に疑問を持ち反省するようになります。高級霊の場合は、家庭が不調和ですとその家庭を守りたくても守りようがありません。反対に自分より調和されておれば、反省の材料を得て、ますますその家庭内が調和されることになり、さらにその調和が隣人に、職場に、社会に発展すれば、あの世の進化もいっそうそのテンポを早めることになります。

先祖の供養とは、感謝の心が祈りとなり、調和の心が行為となって、はじめて実を結ぶものです。

神仏との対話へ

祈願文に書かれている第一章から六章までの意味は、これで、一応おわかりいただけたと思います。

一、祈りというものは、感謝であり、行為であること。
一、祈りというものは、天と地をつなぐかけ橋であること。
一、祈りというものは、神仏との対話であること。

神仏との対話とは、各人の守護霊・指導霊との対話であり、守護霊・指導霊はあの世の天使の導きをうけており、天使は神の意を体していますので、守護霊・指導霊の導きは、そのまま神の導きであるといっていいのです。

ただいい得ることは、各人の心の調和変化によって、その対話の内容も変わってくるということは否めません。そのため、その毎日の生活が、正法に適った反省と努力、忍耐と献身、人間としての義務を果たしてゆくことが望まれます。そうして、こうした生活の積み重ねが、やがて自分自身の品性を高め、神仏との対話にまで向上してゆくのです。

　祈りについて大事なことは、人間はややもすれば、祈ることによって他力的になってゆくということです。祈りが他力にかわったときは、その祈りは祈りとしての意味をなさなくなってきます。もちろん、祈りは、守護・指導霊の力を借りることには違いありません。しかし正法の祈りは、神の子の自覚にもとづいた祈り心で行為するというのが、祈りの真意なのです。他力は行為を棚上げして、神仏の力にすがってゆくものです。人間凡夫という前提で……。この点をまちがえますと、大変なことになります。

　色心不二という言葉があります。物と心も、ともに大宇宙から出発し、この心を起点にして、万生万物ができあがっておりますので、人間の場合、心と肉体とを、すこやかに健全に保つためには、中道という神意にそった生活が必要なのです。

　私たちの祈り（行為）も、色心不二という中道の心にまで高めてゆきたいものです。

高橋信次 著作集　心と人間シリーズ

心の原点（新装改訂版）	**失われた仏智の再発見** 人間の生い立ちとその目的、役割、自然と人間の関係を体系的にまとめ、人間の核心にふれる現代の聖書。 新書判　定価（本体 1,250 円＋税）
心眼を開く（新装改訂版）	**あなたの明日への指針** 世が末期的症状を呈して来るとオカルトに対する関心が強くなる。こうした傾向に警告し、心の尊厳さをさまざまな角度からとらえ、解明した珠玉のエッセイ集。 新書判　定価（本体 1,000 円＋税）
心の指針（新装改訂版）	**苦楽の原点は心にある** 間違った信仰、人間の精神構造、八正道、一般読者の質問に答えた神理問答集、祈りの意義など、初心者向けの神理の普及判である。　新書判　定価（本体 1,000 円＋税）
心の対話（新装改訂版）	**人のことば　天のことば** 人生、仕事、宗教、宇宙などを明快に解きあかし、生きる意欲を与える珠玉の問答集として評判。 新書判　定価（本体 1,000 円＋税）
人間・釈迦（新装改訂版）	**①偉大なる悟り ②集い来たる縁生の弟子たち ③ブッタ・サンガーの生活 ④カピラの人びとの目覚め** 本書は何人も為し得なかった釈迦の出家と悟りをもっとも平易に、その全貌を明らかにした名作。 新書判　各巻　定価（本体 1,000 円＋税）
悪霊（新装改訂版）	**Ⅰ あなたの心も狙われている Ⅱ 心がつくる恐怖の世界** 本書はノイローゼ、精神病の実例をあげ悪霊に支配された人びとが神理によって救われてゆく記録。 新書判　各巻　定価（本体 1,250 円＋税）
愛は憎しみを越えて（新装改訂版）	幼少の頃より受けた厳しい差別や偏見で人間不信へと心が荒み、欲望の渦へと巻き込まれて行く一人の守銭奴を描く。その主人公が、生と死の谷間で己自身の姿を見つめ、人生の意義、愛にふれる場面は感動的である。 新書判　定価（本体 1,300 円＋税）
原説・般若心経（新装改訂版）	**内在された叡知の究明** 新書判　定価（本体 1,250 円＋税）
心の発見（新装改訂版）	（現証篇）定価（本体 1,300 円＋税） （科学篇）定価（本体 1,200 円＋税） （神理篇）定価（本体 1,200 円＋税）
天と地のかけ橋	釈迦の苦悩から悟りへと至る過程を美しいイラストと共に描いた、子供から大人まで幅広い層に読まれる絵本。　定価（本体 1,800 円＋税）

高橋佳子 著作集

自分を知る力 ——「暗示の帽子」の謎を解く

自分を知ることは人生最強の力。心のタイプがわかる「自己診断チャート」とともに、その力の育み方を解説。

四六判並製　定価（本体 1,800 円＋税）

最高の人生のつくり方 —— グレートカオスの秘密

「最高の力の源泉」を引き出す方法を伝授。「そんな道があったのか！？」と誰をも唸らせる驚きに満ちた本。

四六判並製　定価（本体 1,759 円＋税）

あなたがそこで生きる理由 —— 人生の使命の見つけ方

「なぜ私はここにいるのだろう？」その謎を解くと、あなただけが果たせる使命が見えてくる！

四六判並製　定価（本体 1,667 円＋税）

運命の逆転 —— 奇跡は 1 つの選択から始まった

運命はどうにもならない。あなたは、そう思っていませんか？　しかし、運命は根こそぎ変えることができます。その「力」と「法則」をあなたに——。

四六判並製　定価（1,667 円＋税）

未来は変えられる！ —— 試練に強くなる「カオス発想術」

思い出したくない過去を乗り越え、未来を変える方法を伝授。実際に未来を変えた 4 人の奇跡のノンフィクションが人生の解答を与える。

四六判並製　定価（1,500 円＋税）

魂主義という生き方 —— 5つの自分革命が仕事と人生を変える

「何が起こっても揺るがない。強く、深く、悠々と生きる」。5 人のリアルな実践の物語によって、すべてを「条件」として生きる新しい生き方を提唱する。

四六判並製　定価（本体 1,800 円 + 税）

1億総自己ベストの時代 —— 人生の仕事の見つけ方

5 人の真実の物語と共に、「私はこのために生まれてきた」と思える人生の仕事＝ミッションワークの探し方を解説。

四六判並製　定価（本体1,800 円＋税）

12の菩提心 —— 魂が最高に輝く生き方

「月」「火」「空」「山」「稲穂」「泉」「川」「大地」「観音」「風」「海」「太陽」。12の菩提心をイメージし、エネルギッシュで慈しみと包容力に満ちた自分を取り戻す。

四六判並製　定価（本体1,800 円＋税）

新・祈りのみち —— 至高の対話のために

音楽を聴くように、「ことば」のリズムに合わせるだけで本当の自分をとりもどす新しいライフスタイルブック。40万人に読み継がれているロングセラー。

小B6サイズ上製　定価（本体 2,381 円+税）

心の指針　苦楽の原点は心にある

昭和49年1月5日 第1版 第1刷発行

新装改訂版
平成26年6月25日 第7版 第1刷発行
令和 2 年6月23日 第7版 第2刷発行

著　者　　高橋信次
発行者　　仲澤　敏
発行所　　三宝出版株式会社
〒111-0034 東京都台東区雷門 2-3-10
TEL.03-5828-0600（代） FAX.03-5828-0607
https://www.sampoh.co.jp/
ISBN978－4－87928－090－9
印刷所　　株式会社アクティブ

写　真　　岩村秀郷
装　丁　　今井宏明